한국아동·청소년상담학회 연구총서 15

아동과 청소년을 위한
인지행동치료(CBT)
워크북

Jenna Berman 저 ┃ 김동일 역

학지사

The Self-Regulation Workbook for Kids:
CBT Exercises and Coping Strategies to Help Children Handle Anxiety,
Stress, and Other Strong Emotions

This work was supported by the Ministry of Education of the Republic
of Korea and the National Research Foundation of Korea
(NRF-2020S1A3A2A02103411)

역자 서문

『아동과 청소년을 위한 인지행동치료(CBT) 워크북』은 감정 조절, 자기 통제, 집중력 향상 등을 효과적으로 다룰 수 있는 내용으로 구성되었습니다. 간단하면서도 명료한 설명과 다양한 활동으로 구성되어 있어 쉽게 따라 할 수 있습니다.

특히 이 책은 교실 상황 또는 상담실에서 아동이나 청소년 초기 및 경계선 지능 청소년에게 사용할 수 있습니다. 이 책을 통해 내담자는 자신의 감정을 이해하고, 적절하게 표현하며, 문제를 해결하는 방법을 배울 수 있습니다. 또한 어른들은 아동 및 청소년의 감정상태를 파악한 뒤 필요한 도움을 제공할 수 있습니다. 각 장마다 교사와 부모를 포함한 어른들을 위한 팁으로써 내담자를 어떻게 도울 수 있는지에 대한 정보를 제시하였습니다.

이 책에서 제시한 그림은 아동 및 청소년의 흥미와 참여를 촉진하며, 다양한 활동과 게임은 심리교육 과정에서 나타날 수 있는 자칫 딱딱한 상황을 피하는 데 도움이 되리라 기대합니다.

이 책을 내놓기까지 많은 분의 도움이 있었습니다. 이 책을 활용하여 한국아동·청소년상담학회 전문 워크숍과 집단 프로그램에 직접 참여하고 운영해 준 서울대학교 대학원 아동·청소년상담학회 연구생들, 교육 사각지대 학습자 지원 중심의 시흥시-서울대학교 교육협력센터 새라배움 교육 프로그램의 전문강사들과 전체적으로 이 책을 깔끔하게 만들어 준 학지사 임직원 여러분께 진심으로 고마운 마음을 전합니다.

특히 워크숍에 참여하여 우리에게 귀한 배움의 기회를 제공해 준 현장 교사와 상담사를 기억하고자 합니다. 마지막으로, 이 책을 읽고 깊은 통찰과 활용을 해 보는 독자 여러분께 깊은 감사를 드립니다.

2024년 관악산 연구실에서
오름 김동일

powered by WITH Lab. (Widen InTellectual Horizon):
Education and Counseling for Children-Adolescents with Diverse Needs

아동과 청소년에게 자신의 생각, 감정, 행동을 식별하고 이해하고 조절하는 방법을 가르치는 것은 자기 조절 능력 향상을 위해 매우 중요합니다. 이 책은 아동 및 청소년 을 대상으로 하여 이야기와 활동을 통해 친숙한 방식으로 자기 조절 기술을 소개합니다. 비합리적 생각에 직면하고 논박하는 도구와 기술이 아동에게는 특히 어렵겠지만 이는 거의 모든 연령대의 사람에게 유용할 것입니다.

아동과 청소년이 자기 조절에 어려움을 겪을 때, 종종 감정적으로 더 악화되고 다른 사람들에게 스트레스가 되는 문제 행동으로 이어집니다. 아이들이 문제 행동을 후회하 고 반복하기를 원하지 않는다면 비슷한 '감정 트리거(촉발요인)'에 직면했을 때 다르게 반응하는 기술을 배워야 합니다. 따라서 이 워크북은 자기 조절 대처 행동과 기술을 개 발하는 데 도움이 됩니다.

- 자신의 감정을 확인하고, 이해하고, 표현하기
- 격렬한 신체적 반응을 진정시키기
- 비합리적 생각을 확인하고 논박하기
- 문제 행동을 확인하고, 보다 적응적인 대안 행동을 선택하기
- 까다로운 문제 상황을 확인하고, 이에 대처하기

이러한 기술은 다양한 문제 상황을 다룰 때 자신의 역량을 증진하는 데 도움이 되는 증거기반 치료인 인지행동치료(CBT)의 핵심입니다. CBT(이 책 전반에 걸쳐 자세히 설명 되어 있는 임상 표준)를 통하여 아이들은 '감정 트리거'를 알아차리는 법을 배우고, 자동 적인 비합리적 사고 및 이에 대한 감정 반응을 인식하며, 보다 적응적인 행동을 배울 수 있습니다.

이 워크북에서는 알렉스(Alex)라는 아이가 자신의 감정을 조절하기 위해 다양한 기술 을 배우고 사용하는 과정에 대한 이야기를 들려줄 것입니다. 여러분의 아이가 개념을

배우고 연습하고 내면화하는 데 도움이 되는 다양한 활동이 있습니다. 여러분의 아이와 함께 알렉스의 이야기를 큰 소리로 읽고 활동을 같이해 봅니다. 워크북 전체에 걸쳐 '어른들을 위한 팁'이 제시되었습니다. 이는 아이와 함께 읽는 것이 아니고, 교사와 멘토, 상담사뿐만 아니라 부모가 아이들과 함께 활동을 진행할 때 도움이 되는 내용입니다. 이 팁들은 직접적으로 아이들을 위한 것이라기보다는 워크북 내용에 지루해할 수 있는 성인을 위한 것입니다. 알렉스는 가상 인물입니다. 만일 현실의 아이와 닮았다면 이는 순전히 우연의 일치입니다. 그러므로 이 책에서 제공하는 것들이 알렉스에게는 적절할 수 있지만, 모든 활동이나 기술이 여러분의 아이에게는 효과적이지 않을 수도 있습니다.

이 책에서 제시하는 조절 기술을 개발하려면 시간과 연습이 필요하다는 점을 명심하세요. 인내심을 갖고 일상생활에서 조절 기술을 사용할 수 있도록 아이들에게 필요한 지원을 제공하세요. 여기에는 언어적 단서와 시각적 단서가 포함될 수 있으며, 실제로 기술 단계마다 제시할 수 있습니다.

워크북에 글을 쓸 때 철자, 문법, 글씨체가 감정을 조절하는 활동에서 그리 중요한 것은 아닙니다. 여러분의 아이가 글을 쓰는 것을 어려워할 경우, 그냥 말로 이야기하게 하고 이후에 글로 작성해 보도록 합니다. 이런 활동도 힘들면 지시문을 아이와 함께 읽으며 내용을 다루는 다양한 방법을 활용할 수 있습니다. 예를 들면, 연극처럼 서로 대화하거나 인형을 이용하여 이야기를 꾸며 보는 활동도 해 보세요. 아이가 할 수 있는 활동으로 변경하거나 조정해 보기를 바랍니다. 까다롭거나 다루기 힘든 생각, 감정, 행동에 대해 아이가 생각해 보고 말하는 것 자체가 충분히 어렵고 도전적일 수 있습니다.

여러분과 아이가 이 책의 내용을 더 자세히 살펴보고, 이 책의 활동을 하면서 혹은 일상생활을 하는 동안 이 책의 내용을 실제 삶의 상황과 연결해 보는 것이 중요합니다. 조절 기술을 반복적으로 연습하여 체화하고 내면화하도록 하세요. 이는 조절하기 어려운 강렬한 감정에 직면했을 때 그것을 조절할 수 있는 기술을 활용할 수 있도록 돕습니다.

　여러분의 아이가 어느 정도 이 책의 활동을 배우고 연습을 하고 있더라도, 때때로 실수를 저지르고 감정에 압도되어 행동하거나 강렬한 감정에 좌지우지될 수 있습니다. 하지만 이러한 경우가 오히려 배우고 성장할 수 있는 기회가 될 수 있습니다. 감정을 조절하는 것은 평생 동안 배우는 과정입니다. 성인이자 다른 사람의 감정 조절을 돕는 것을 전문적인 직업으로 가지고 있는 필자도 감정에 압도되어 행동했다가 나중에 후회하는 경우가 있습니다. 우리는 인간이기 때문에 그럴 수 있습니다. 이런 경우를 예측하는 것은 어려운 시간을 견디는 데 도움이 될 수 있습니다. 감정 조절을 잘하지 못하는 것은 아이들에게도 스트레스가 됩니다. 이런 경우에도 너무 큰 죄의식이나 부끄러움을 가지지 않도록 이야기해 주어야 합니다. 아이들이 감정 조절에 실패했을 때, 종종 자신의 행동이 나쁘다는 메시지를 받을 뿐만 아니라 아이 자신이 나쁘다는 고착된 믿음을 갖게 됩니다. 때때로 아이의 감정과 행동에 문제가 있더라도 항상 우리는 아이가 여전히 장점이 있는 좋은 사람이라는 것을 알려 주도록 합니다. 누구에게나 감정 조절은 어렵습니다. 때로 더 어려워하는 사람이 있을 수도 있지만 그래도 괜찮습니다. 아이가 점차 자신의 감정을 조절하는 기술을 하나씩 배워 갈 수 있도록 도우면 됩니다.

　이 책은 10개의 장으로 구성되어 있습니다.

　제1장에서는 아이가 감정 어휘를 배우고 다양한 감정을 경험하며 이러한 감정 트리거의 원인과 감정이 미치는 영향에 대해 생각하고, 더 나아가 감정은 조절할 수 있는 것이라고 깨닫게 됩니다. 더 많은 감정 어휘를 사용하면 아이가 자신의 감정 경험과 다른 사람의 경험을 더 정확하게 식별하고 이해하는 데 도움이 될 수 있습니다. 이를 통하여 감정을 조절하고 더 건강한 관계로 발전하게 하는 역량을 개발하게 됩니다. 일상에서 경험하는 다양한 감정과 이런 다양성이 지극히 정상적이라는 것을 확인함으로써 아이

들은 자신의 감정을 인정하고 다루는 데 더 편안함을 느끼고 다른 사람과 상호 작용할 때 더 공감하고 받아들일 수 있습니다.

제2장에서는 아이가 자신의 감정 강도에 대해 생각해 보도록 합니다. 서로 다른 강도와 수준으로 즐겁고 불쾌한 감정에 대하여 자기 인식이 높아지면 아이들은 작은 트리거에 대한 과도한 반응을 줄이고, 더 빨리 진정하도록 노력할 수 있습니다.

제3장은 아이가 경험, 생각, 감정, 행동을 구분할 수 있도록 돕습니다. 우리는 이런 것들이 뒤섞여 있는 사회에 살고 있습니다. 우리의 생각과 느낌이 사실이 아님을 깨닫는 것이 중요합니다. 이는 이후에 아이가 감정 조절을 할 수 있는 기반이 됩니다.

제4장에서는 감정이 신체에 영향을 미치는 것을 알 수 있도록 가르칩니다.

제5장에서는 아이가 신체를 이완하고 감정을 조절할 수 있는 다양한 활동과 도구를 가르칩니다. 신체적 반응에 따라 자동적으로 나타난 격렬한 감정을 진정시키는 것은 행동을 조절하는 데 도움이 됩니다.

제6장에서는 자신에게 해가 될 수 있는 비합리적인 자동적 사고를 알아차리도록 가르칩니다.

제7장에서는 자신에 도움이 되지 않는 비합리적 신념과 생각에 직면하고 이를 바꾸는 방법을 가르칩니다. 이런 비합리적 신념과 생각을 알아채고 직면하는 것은 아이가 스트레스 상황을 보다 명료하게 바라보고 감정을 효과적으로 조절할 수 있도록 합니다.

제8장에서는 자신의 행동은 자신이 신중하게 해 볼 수 있는 선택이라는 사실을 인식하는 것을 알려 줍니다. 이를 통하여 아이가 감정 조절 행동을 선택하고자 하는 의도와 조절할 수 있는 능력을 동시에 개발하게 됩니다.

제9장에서는 자신의 행동을 선택하는 능력을 키울 수 있는 활동을 소개합니다.

제10장에서는 이 책에서 지금까지 다루었던 모든 활동과 통찰을 정리하고 상호 연결할 수 있는 방법을 제시합니다. 첫 번째로, 아이가 감정에 압도되었을 때의 이야기

를 작성하게 됩니다. 이 활동을 통해 아이는 감정 트리거와 그에 따른 자동적 사고, 감정, 행동 사이의 연결 관계를 이해하고 배우게 됩니다. 그 다음으로, 자신에게 해가 되는 비합리적인 자동적 사고와 충동을 조절할 수 있는 대처 활동을 포함하여 앞의 이야기를 다시 작성하게 됩니다. 자신이 겪었던 격렬한 감정 트리거에 대한 이야기를 작성해 보면, 아이들이 앞으로 마주하게 될 유사한 감정 트리거를 다루는 데 도움이 됩니다. 안전하고 건강한 방식으로 공통적인 감정 트리거를 다루는 방법에 대한 자신의 이야기를 써 보고 이를 같이 검토해 보면 아이가 스트레스 상황을 다루는 통찰, 활동, 기술을 내면화하고 배우는 데 도움이 됩니다. 이 활동은 중요한 정보들을 확실히 기억하고 이를 일상생활에 실제적으로 적용해 보는 능력을 키우게 됩니다. 마지막으로 아이에게 도움이 되는 다짐과 시각적 단서를 제시해 보고, 감정 조절을 위한 역량 증진을 성공적으로 할 수 있도록 돕습니다.

　여러분의 아이가 감정 조절에 지속적으로 어려움을 보인다면, 훈련받은 정신건강 상담 전문가의 도움을 받길 바랍니다. 상담은 여러분과 여러분의 아이가 지닌 독특하고 복잡한 생각, 감정, 행동을 다루고 이해하는 데 도움이 됩니다. 더 나아가 전반적인 신경심리학적 평가를 하게 되면, 아이의 어려움에 관련된 문제 행동을 더 잘 이해하고 이에 따라 적절한 지원을 받을 수 있습니다.

Jenna Berman

차 례

제7장   나의 생각 다루기   99

제8장   나의 충동들   129

제**1**장

감정을 인식하고
이해하기

★

감정 얼굴 색칠하기
나의 감정 컵 채우기
나의 감정 컵이 얼마나 가득 찼을까
감정 관리 키트
감정 주사위
"나는 무엇을 느끼고 있을까" 카드

안녕하세요! 제 이름은 알렉스이고, 여러분과 같은 어린이예요! 저는 엄마, 아빠, 여동생 새미 그리고 고양이 토비와 한 집에서 같이 살고 있어요. 저는 책 읽기, 자전거 타기, 공원 산책하기를 좋아해요. 저는 매일매일 다양한 감정을 경험해요. 아마도 수천 가지의 다양한 색깔을 가진 감정을 경험하고 있는 것 같아요. 엄마, 아빠 그리고 여동생도 마찬가지로 여러 가지 감정을 경험해요. 세상 사람들은 기분 좋은 감정, 불쾌한 감정과 같은 다양한 감정을 실제로 경험하고 있어요. 그리고 이건 정말 자연스러운 일이에요! 이 책에서는 조절이 잘 되지 않는 커다란 감정들을 경험하는 과정과 제가 그 감정들을 조절하는 방법을 어떻게 배웠는지 알려 줄 거예요. 그리고 감정들을 조절하는 데 도움이 된 기술과 방법에 대해 알려 주는 활동들을 같이 살펴볼 거예요. 이 방법과 기술이 여러분에게도 도움이 되었으면 좋겠어요!

우리가 감정을 다루려고 할 때, 그것에 대해 이름을 붙여 불러 주는 것이 중요해요. 이를 통해 친구들과 가족에게 우리가 느끼는 감정들을 표현할 수 있고, 그것들을 어떻게 다룰지 선택할 수 있어요. 그림에 보이는 것이 제가 경험하고 있는 여러 가지 감정이에요.

감정 얼굴 색칠하기

이 활동은 감정 얼굴에 색칠하기예요. 이 감정들은 사람들이 경험하는 많은 감정 중 일부에 불과해요. 다양한 감정에 대해 배우고 생각하는 것은 우리가 감정을 인식할 수 있도록 도와줘요. 우리가 무엇을 느끼는지 실제로 이해할 때, 어떻게 행동할지 좀 더 쉽게 결정할 수 있어요.

불쾌한

안심하는

놀란

지루한

부끄러운

혼란스러운

신나는

아이들이 자신의 정서(emotions)에 이름을 붙일 수 있는 기회를 제공해야 합니다. 당신이 어떤 정서를 경험하고 있을 때 그러한 감정을 느끼는 이유에 대해 아이들에게 이야기하도록 합니다. 예를 들어, "너와 같이 책을 읽고 있어서 행복하단다." 또는 "슈퍼마켓에서 달걀 사는 것을 잊어버려서 짜증이 나는구나."라고 말할 수 있습니다. 아이들이 경험했을 법한 감정에 이름을 붙여 주십시오. 예를 들어, "네가 탈 수 있는 그네가 없어서 많이 실망했겠구나." 또는 "이 활동(this craft)을 할 수 있어서 네가 많이 신난 것 같아." 감정에 이름을 붙이는 것은 아이들이 그 감정을 더 잘 이해하도록 도와줍니다. 즉, 아이들의 감정에 이름을 붙여 주면 아이들이 그 감정을 수용하고 타당화하는 데 도움을 줍니다. 나아가 어떤 감정을 인식하는 것은 아이들로 하여금 자신이 무엇을 경험하고 있는지 이해하도록 도와주고, 그 감정을 갑작스럽게 일어난 것이 아닌 조절할 수 있는 것으로 바라보게 합니다.

어떤 감정들은 느끼면 안 된다는 메시지들을 받기도 해요.

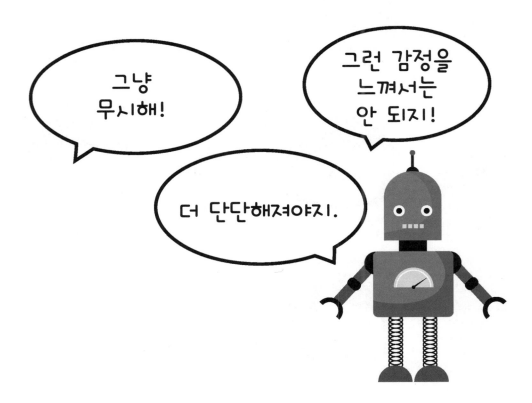

그런데 모든 감정은 경험해도 괜찮은 것이라는 사실을 알고 있어요. 어떤 감정들을 경험하는 것은 재미없는 일이기도 하지만, 감정을 느낀다는 건 자연스럽고 건강한 거예요. 모든 사람은 가끔씩 불쾌한 감정들을 경험해요! 저 혼자만 그러한 감정을 느끼는 건 아니에요. 심지어 불쾌한 감정들이더라도 그것들을 조절하면 자신에게 도움이 될 수 있어요. 이러한 감정을 느끼지 않았다면 저는 아마 로봇이 되었을 거예요.

 어른들을 위한 팁

불쾌한 감정들을 경험하는 아동들을 보호하고자 하는 건 자연스러운 일이지만, 이러한 감정들이 건강하다는 점을 명심해야 합니다. 불쾌한 감정들을 경험하는 것은 아이들이 건강한 대처 및 문제해결 기술을 개발하고 불가피한 삶의 스트레스 경험에 대한 인내심을 기르는 데 도움을 줍니다.

저의 감정들을 무시한다고 해서 이 감정들이 사라지는 것은 아니에요. 그건 감정들을 그냥 억누르는 것일 뿐이에요. 감정들을 억누르게 되면, 그것들을 다루는 게 더 힘들어져요.

활동

나의 감정 컵 채우기

∙∙

   어른들과 함께 활동을 할 시간이에요! 여러분은 감정이 때때로 어떻게 '넘치는지'를 탐구하기 위해 컵과 물을 사용할 거예요. 이 활동은 땅에 물을 쏟는 것을 포함하므로 반드시 어른이 허락하는 장소와 시간에 해야 해요.

   여러분은 더 이상 감정을 참을 수 없고, 감정이 쏟아져 나온다고 느낀 적이 있나요? 이 활동을 통해 왜 가끔 그런 일이 생기는지, 감정을 무시하려고 애쓰는 대신 우리의 감정을 다루는 것이 왜 중요한지 이해할 수 있을 거예요. 이 활동을 할 때 컵이 여러분의 감정 컵이고, 물이 감정이라고 상상하세요. 우리가 감정을 억누르려고 할 때 어떤 일이 일어나는지 생각하기 위해 이야기를 읽어 보세요.

준비물

• 컵
• 주전자의 물

설명

1. 밖으로 나가거나 물을 흘려도 되는 곳으로 가세요.

2. 어른들에게 컵에 물을 조금 따라 달라고 부탁하세요. 이것은 억눌린 감정이 될 거예요.

3. 컵을 잡으세요. 그리고 가능한 한 빠르게 왔다 갔다 걸어 보세요. 컵에서 물이 쏟아지지 않도록 하세요. 이렇게 하는 동안 어른들에게 다음과 같이 물어봐 달라고 하세요(활동을 하기 전에 다음 항목들을 미리 보진 마세요!).

   ○ 색깔 이름 대기

○ 도형 이름 대기

○ 과일 이름을 대기

○ 야채 이름 대기

4. 다음 이야기를 읽어 보세요.

○ 어느 날 아침이었어요. 자고 있었는데 갑자기 엄마가 "일어나! 늦었어!"라고 소리쳤습니다. 저는 놀라고 두려웠습니다.

5. 새로운 감정을 보여 주기 위해 어른들에게 컵에 물을 더 따라 달라고 부탁하세요.

6. 컵을 잡고 물을 흘리지 않도록 최대한 빠르게 왔다 갔다 걸어 보세요(참고: 결국 물은 밖으로 조금 쏟아질 거예요. 그것은 정상적인 일이니까 괜찮아요). 이렇게 하는 동안 어른들에게 다음과 같이 물어봐 달라고 하세요.

○ 스포츠 이름 대기

○ 노래 이름 대기

○ 책 이름 대기

○ 영화 이름 대기

7. 그 이후의 이야기를 읽어 보세요.

○ 저는 가능한 한 빨리 옷을 입었고, 우리는 학교로 급히 갔습니다. 학교에 도착했을 때, 저는 숙제를 잊어버렸다는 것을 깨달았습니다. 기분이 언짢았습니다.

8. 새로운 감정을 보여 주기 위해 컵에 물을 더 따르도록 부탁하세요.

9. 컵을 들고 가능한 한 빠르게 왔다 갔다 걸어 보세요. 어른들에게 다음과 같이 물어봐 달라고 하세요.

○ 농장 동물 이름 대기

○ 물속에 사는 동물 이름 대기

○ 정글에 사는 동물 이름 대기

○ 반려동물 이름 대기

10. 이야기를 계속 읽어 보세요.

○ 미술 수업을 들으러 줄을 서 있을 때, 발을 헛디뎌 넘어졌습니다. 또 다른 아이는 웃으며 "너 바보 같이 왜 그러니?"라고 말했습니다. 민망했어요.

11. 새로운 감정을 보여 주기 위해 어른들에게 컵에 물을 더 따라 달라고 부탁하세요.

12. 컵을 잡으세요. 가능한 한 빠르게 왔다 갔다 하세요. 어른들에게 다음과 같이 물어봐 달라고 하세요.

○ 가족 구성원의 이름 대기

○ 선생님 이름 대기

○ 월(月)을 말하기

○ 공휴일 말하기

13. 이야기를 계속 읽어 보세요.

○ 점심 시간에 친구가 "괜찮아?"라고 물었어요. 저는 친구에게 지금까지의 내 하루를 말해 줬습니다. 친구는 "와! 대단한 날이네! 이 모든 것이 끝나서 기쁘다! 그런 감정들이 빨리 지나갔으면 좋겠다." 라고 말했고, 이 말은 제 기분을 훨씬 좋아지게 했어요.

14. 컵에 있는 물의 절반을 다시 주전자에 부으세요.

15. 컵을 잡으세요. 가능한 한 빠르게 왔다 갔다 하세요. 다음 사항을 어른에게 요청하세요.

○ 계절 이름 대기

○ 요일 이름 대기

○ 곤충 이름 대기

○ 꽃 이름 대기

16. 그 이후의 이야기를 읽어 보세요.

○ 쉬는 시간 동안 저는 공놀이를 했어요. 정말 재미있었어요! 스트레스가 많은 아침을 완전히 잊고 하루를 보냈어요!

17. 컵의 나머지 물을 다시 주전자에 부으세요.

18. 빈 컵을 잡으세요. 가능한 한 빠르게 왔다 갔다 하세요. 다음 사항을 어른에게 요청하세요.

    ○ 아이스크림 맛의 이름 대기

    ○ 사탕 이름 대기

    ○ 음료 이름 대기

    ○ 패션 아이템 이름 대기

19. 잘했어요! 이 활동에서 가장 어려운 부분을 완료했어요! 다음을 생각해 보세요.

    ○ 결국 얼마나 많은 물을 쏟았나요?

만약 여러분이 물을 많이 흘렸다면, 그것은 괜찮고 완전히 정상이에요! 쏟아지는 물이 감정 폭발이라고 가정해 보세요. 감정 폭발은 여러분이 징징거리거나, 삐죽거리거나, 짜증을 내거나, 누군가에게 소리를 지르거나, 무언가를 피해 도망치는 것과 같이 먼저 생각하지 않고 무언가를 할 때 일어나요.

    ○ 컵의 물이 많아질수록 빨리 걷기가 더 어려워지던가요? 컵의 물이 더 많이 채워졌을 때 질문에 답하는 것이 더 어려워졌나요?

만약 그렇다고 대답했어도 이해해요! 물이 가득 찬 컵을 엎지르지 않도록 하기 위해서는 많은 집중력과 에너지가 필요해요. 우리가 감정을 억누를 때 무언가를 하고 생각하는 것 또한 더 어려워져요. 그것은 우리의 감정을 억제하는 데 무의식 중에 많은 에너지가 필요하기 때문이에요!

저는 감정을 억누를 때 작은 일에도 더 큰 반응을 보여요. 예를 들어 볼게요. 어느 날, 저는 학교에서 일어난 어떤 일에 대해 당황하고, 슬프고, 부끄럽고, 불안해하고 있었어요. 저는 그 감정들을 억눌렀어요. 나중에 제가 집에 왔을 때 여동생 새미가 노래를 부르기 시작했어요. 저는 동생에게 그만하라고 요청했지요. 동생은 "진정해, 오빠(알렉스)."라고 대답했고, 계속해서 노래를 불렀어요. 저는 갑자기 엄청 짜증이 났고 동생에게 소리를 질렀어요. 마치 동생의 노랫소리가 촉발시킨 짜증에 관한 감정 컵에 더 이상 여유가 없는 듯했고, 억누르고 있던 모든 감정이 쏟아져 나왔어요. 저는 이것을 감정 폭발이라고 불러요.

여동생에게 소리치는 것은 더 많은 문제만 일으켰어요. 우리는 싸워서 혼났어요. 이는 저를 그 어떤 것보다도 속상하게 만들었어요! 다음 날, 저는 제가 억누르고 있던 모든 감정에서 벗어났어요. 여동생이 노래를 시작했을 때 여전히 짜증이 났지만, 감정이 강하지 않았고 그냥 무시해 버리는 것이 더 편했어요.

우리가 붙잡고 있는 감정들에 대해 생각하는 것은 그것들이 넘쳐나도록 내버려 두지 않고, 그것들을 다루는 데 도움을 줄 수 있어요. 우리가 감정을 무시할 때, 그것들은 보통 단순히 사라지지 않아요. 우리의 감정을 아는 것은 우리가 그것들을 통제할 수 있도록 도와줘요.

나의 감정 컵이 얼마나 가득 찼을까

지금 여러분의 감정 컵이 얼마나 가득 찼는지 생각해 보세요. 이것을 설명하기 위해 컵에 선을 그어 보세요. 예를 들어, 만약 여러분이 많은 감정을 붙잡고 있다면 컵의 위쪽에 선을 그으세요. 만약 여러분이 지금 전혀 감정적이지 않다면 컵의 아래쪽에 선을 그으세요. 컵 안이나 컵 주변에 여러분이 느끼고 있는 감정을 쓰세요.

여러분의 아이의 감정 컵이 때때로 넘쳐날 것입니다. 이런 일이 일어날 때, 그것은 사회적 관계에 부정적인 영향을 미칠 수 있습니다. 자녀가 자신의 행동이 다른 사람의 기분을 어떻게 만드는지 이해하고 다른 사람에게 부정적인 영향을 미치는 방식으로 감정을 행동했을 때 이를 고칠 수 있도록 도와줍시다.

우리의 감정 컵이 가득 차면, 우리는 그것을 조금이나마 비울 수 있는 활동을 할 수 있어요. 감정 컵이 꽉 찬 것을 알아차렸을 때 제가 하고 싶은 몇 가지 일은 다음과 같아요.

- 누군가와 내 감정에 대해 이야기하기
- 가까운 사람을 안아 주기
- 일기 쓰기
- 그림 그리기
- 고양이와 놀거나 쓰다듬어 주기
- 목욕하기
- 목덜미에 얼음 팩 갖다 대기
- 춤추기
- 팔 벌려 뛰기 100개 하기
- 노래하기
- 음악 듣기
- 무언가 읽기
- 악기를 연주하기

나중에 감정 컵을 비우는 데 도움이 되는 대처 방법을 더 많이 가르쳐 드리겠지만, 우리의 감정을 관리하는 데 이미 알고 있는 방법들을 알아차리고 사용하는 것이 중요해요!

감정 관리 키트

여러분이 차분해지고 편안함을 느끼게 하는 일들의 목록을 쓰세요. 제 목록의 아이디어를 사용하고 스스로 아이디어를 추가할 수도 있어요. 이 워크북을 통해 감정을 관리하는 방법을 배움으로써 목록에 추가할 수 있어요. 여러분의 감정 컵이 가득 찼다는 것을 알아차렸을 때 여러분이 그 감정을 다루는 방법을 선택하는 것을 돕기 위해 이 목록을 다시 참조하세요.

가끔 제 감정이 저를 통제하는 것 같아요. 제 감정은 제가 진짜가 아니고 도움이 되지 않는다는 생각을 하게 만들지요. 제 감정이 제 머릿속에서 도움되지 않는 생각을 말하는 작은 감정 괴물로 변하는 것 같아요. 예를 들어, 제가 실수를 했을 때, 감정 괴물은 "너는 아무것도 제대로 할 수 없어!"라고 말해요.

또한 감정은 저에게 좋지 않은 것들을 하고 싶게 만들 수 있고, 심지어 저를 더 나쁘게 만드는 더 큰 문제들을 일으킬 수도 있어요. (감정) 괴물이 제 몸을 마치 꼭두각시처럼 점령하는 것 같아요. 예를 들어, 저는 울고 소리치기 시작할지도 몰라요. 이런 일이 당신에게 일어난 적이 있나요?

이런 일이 제게 일어났을 때의 이야기를 하나 해 드릴게요.

어느 날, 저는 블록으로 거대한 마법의 성을 짓고 있었어요. 저는 몇 시간 동안 그것을 만들었고, 그것이 어떻게 만들어지고 있는지에 대해 정말 자랑스럽고 흥분되었지요.

제 여동생은 방으로 뛰어 들어와서, 저를 향해 공을 던졌고, "공 받아, 오빠!"라고 소리쳤어요. 공을 놓쳤는데 공이 제 성으로 날아와서 쓰러뜨렸어요. 저는 "내 성이 망가졌어! 난 하루 종일 이걸 만들었는데! 내 하루가 엉망이 되었어!"라고 말하며 슬퍼했지요. 눈물이 뺨을 타고 흘러내렸어요. 제 여동생은 말했어요. "울지 마. 그냥 블록이야." 저는 생각했어요. '그냥 블록?! 이건 내가 정말 열심히 만든 매우 크고 마법 같은 성이었어! 너무해!' 저는 화가 났어요. 블록 하나를 집어서 제 여동생에게 던지고 말았죠.

저는 제 하루가 엉망이 되었다고 생각했지만, 사실은 그렇지 않았어요. 저는 제 여동생이 못된 사람이라고 생각했지만, 이 순간이 실제로 여동생의 성격을 바꾸지는 못했어요. 여동생은 가끔 제가 못되게 생각하는 말과 행동을 할 수도 있지만, 못된 사람은 아니에요. 이런 생각들은 저를 더욱 슬프고 화나게 했어요.

저는 너무 화가 나서 여동생에게 블록을 던지고 싶은 충동이 들었어요. 이 선택을 하는 것은 저를 곤경에 빠뜨릴 것이고, 그것이 저를 훨씬 더 화나게 했어요. 저는 제 감정이 저를 통제하게 내버려 두었고, 그것은 더 큰 문제를 일으켰어요.

우리가 우리의 감정, 생각 그리고 행동을 이해하는 방법을 배울 때, 우리는 그것들을 통제할 수 있는 힘을 얻어요! 자신의 감정 발사 버튼[트리거(trigger)]에 대해 배우고 이해하는 것은 자신의 감정, 생각, 행동을 통제하는 것을 도와줘요. 감정 발사 버튼(트리거)은 반응을 일으키는 상황, 사람, 장소 또는 사물이에요. 우리의 반응은 감정, 생각, 우리 몸의 감각, 행동을 포함할 수 있어요. 예를 들어, 제 방을 청소하는 것은 제가 지루함을 느끼게 하는 계기가 돼요. 혹은 제가 가장 좋아하는 아이스크림 가게 옆을 걷는 것은 "아이스크림 먹고 싶다."라고 생각하게 하는 계기가 되죠. 누군가 나를 간지럽히는 것은 나를 웃게 만드는 감정 발사 버튼이에요. 관리하기 어려운 감정, 특히 다른 감정으로 이어지는 감정 발사 버튼에 대해 생각해 보는 것은 도움이 된답니다! 우리가 우리의 감정 발사 버튼을 인지하는 것은, 이것에 반응하기 전에 멈추고 생각하는 것을 도와줘요.

감정 주사위

여러분은 감정 주사위로 게임을 만들고 진행할 거예요. 감정 발사 버튼[1]을 식별하게 되면 감정 발사 버튼을 눌러야 하는 상황에 마주쳤을 때 우리의 감정을 통제하기 위한 계획을 세우고 따르려고 노력하는 힘을 얻을 수 있어요.

설명

1. 부록의 '감정 주사위'에서 얼굴에 색을 칠하세요.

2. 점선을 접어요.

3. 테이프를 사용하여 주사위를 완성해요.

4. 교대로 감정 주사위를 굴려요. 어떤 느낌에 빠졌을 때 그 느낌을 경험하게 만드는 무언가를 말하세요. 예를 들어, '걱정스러운'에 도착했다면 "저를 걱정하게 만드는 것은 받아쓰기 시험을 보는 것입니다."라고 말할 수 있어요.

5. 감정 차트에서 감정 발사 버튼을 채우세요.

---

1) 어떤 사건의 반응 및 사건을 유발한 계기나 도화선 혹은 과거의 트라우마 경험을 떠올려 재경험하도록 만드는 자극이나 촉발 단서를 의미한다.

감정 차트

감정 주사위를 굴린 후 각 느낌에 대한 감정 발사 버튼을 입력하세요.

기쁜	뿌듯한	걱정스러운	화난	슬픈	당황스러운
		예 시험 치르기			

시도해 보세요 여러분이 굴린 주사위를 바탕으로 감정 발사 버튼을 기록한 후에, 다른 감정을 유발할 수 있는 다른 감정 발사 버튼을 추가하세요.

어른들을 위한 팁

때때로 어린이의 감정을 이해하는 것이 어려울 수 있습니다. 아이들의 감정을 인정하고 공감하며, 아이에게 반박하거나 가르치고 싶은 충동을 억제하는 것이 중요합니다. 감정이 상황에 부적절해 보이는 경우에도 마찬가지입니다. 인간으로서 우리의 생각과 감정은 선하거나 악하지 않습니다. 그저 감정일 뿐입니다. 이는 아이들에게 심어 주어야 할 중요한 믿음입니다. 아이들이 자신의 감정이 잘못되었다는 메시지를 받으면 다른 감정을 느끼도록 촉발할 수 있습니다. 여기에는 그들이 이미 경험하고 있는 것 외에 혼란, 죄책감, 좌절감, 수치심이 포함됩니다. 이는 아이가 자신의 감정을 관리하는 것을 훨씬 더 어렵게 만듭니다.

"나는 무엇을 느끼고 있을까" 카드

부록의 감정 카드에 각각의 감정을 나타내는 그림을 그리세요. 그것을 책에서 잘라서 봉투에 넣어요. 여러분이 어떤 감정을 경험할 이때 카드를 보면 감정을 파악하는 데 도움이 될 수 있답니다. 순간의 감정을 식별하는 것은 감정을 통제하는 데 도움이 될 수 있어요!

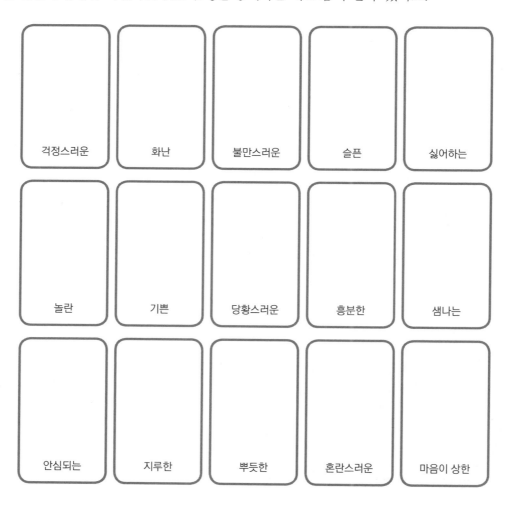

걱정스러운	화난	불만스러운	슬픈	싫어하는
놀란	기쁜	당황스러운	흥분한	샘나는
안심되는	지루한	뿌듯한	혼란스러운	마음이 상한

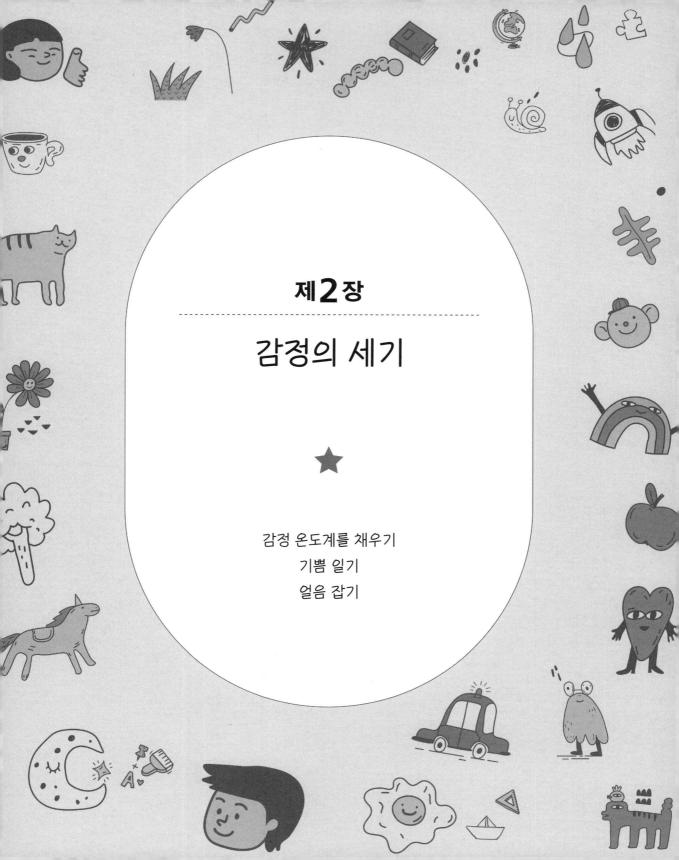

제2장

감정의 세기

★

감정 온도계를 채우기
기쁨 일기
얼음 잡기

저의 감정은 때로는 크기도 하고, 때로는 작기도 해요. 감정 온도계로 제가 얼마나 강한 감정을 느끼는지 생각해 보고 싶어요! 어떤 뜻인지 알려 드릴게요.

〈감정 온도계예요〉

감정 온도계로 감정의 강도를 측정할 수 있어요!
'즐거움 온도계'를 통해서 측정해 보아요.

10	
9	나는 생일 파티에서 축하를 받으면서 즐거움 9점을 느낀다.
8	
7	나는 가족과 해변에 갔을 때 즐거움 7점을 느낀다.
6	
5	나는 쉬는 시간에 친구들이랑 놀면서 즐거움 5점을 느낀다.
4	
3	길에서 귀여운 강아지를 봤을 때 즐거움 3점을 느낀다.
2	
1	아침에 맛있는 아침을 먹었을 때 즐거움 1점을 느낀다.

그리고 여기에는 '좌절 온도계'가 있어요.

```
10
 9     나는 기대한 여행이 취소가 되었을 때 좌절감 9점을 느낀다.
 8
 7     나는 새로운 이벤트를 잘 준비하려고 엄청 노력했는데, 생각했던 대로 되지 않았을 때
 6       좌절감 7점을 느낀다.
 5     나는 학교에서 수업을 이해하지 못할 때, 좌절감 5점을 느낀다.
 4
 3     나는 발야구에서 내 차례를 오래 기다릴 때, 좌절감 3점을 느낀다.
 2
 1     나는 발을 찧었을 때, 좌절감 1점을 느낀다.
```

활동

감정 온도계를 채우기

다음 페이지에 행복 온도계, 뿌듯함 온도계, 슬픔 온도계, 걱정 온도계, 분노 온도계가 나와 있어요. 각 감정의 다양한 수준을 촉발하는 사건들로 온도계를 채워 볼까요?

행복 온도계

10	
9	
8	
7	
6	
5	
4	
3	
2	
1	

 어른들을 위한 팁

때때로 어떤 상황이 어떻게 아이에게 강렬한 감정을 불러일으킬 수 있는지 이해하기 어려울 수 있습니다. 아이들의 감정적 반응 강도가 부적절하다고 생각할 수 있고, "지나친 감정"이라고 생각할 수 있습니다. 그 감정의 강도가 이치에 맞든 아니든 간에, 그것들은 여전히 매우 현실적이고 아이가 겪기 어렵다는 점을 기억하는 것이 중요합니다. 강렬한 감정들은 일단 아이가 이러한 순간에 하게 되는 자동적 사고를 이해하기 시작하면 좀 더 합당하게 받아들일 수 있을지도 모릅니다. 이 문제에 대해 제6장에서 자세히 알아보기 바랍니다!

뿌듯함 온도계

```
10
9
8
7
6
5
4
3
2
1
```

슬픔 온도계

```
10
9
8
7
6
5
4
3
2
1
```

걱정 온도계

```
10
 9
 8
 7
 6
 5
 4
 3
 2
 1
```

분노 온도계

```
10
 9
 8
 7
 6
 5
 4
 3
 2
 1
```

감정 온도계를 스스로 채워 보세요!

감정: _____

```
10
 9
 8
 7
 6
 5
 4
 3
 2
 1
```


어른들을 위한 팁

    아이가 정기적으로 감정 온도계에 대해 생각하고 사용할 수 있도록 도와주는 편리한 방법은 감정 온도계를 인쇄하여 코팅을 하거나 비닐 시트지에 넣는 것입니다. 그러면 아이가 마커를 사용하여 자신의 감정에 점수를 매기고 얼마나 강하게 경험하고 있는지 감정 온도계에 표시할 수 있습니다. 아이가 누군가와 이야기하거나 긴장을 풀기 위해 무언가를 하는 등 감정을 관리하려고 노력한 후에, 아이들이 얼마나 강하게 감정을 경험하고 있는지를 감정 온도계에서 재평가할 수 있습니다. 감정을 통제하기 위해 적극적으로 한 일 때문인지, 혹은 시간이 흘러서인지 자신의 감정이 식어 가는 것을 보면 아이들 스스로에게 도움이 됩니다.

저는 감정 온도계에 행복하고 자랑스러울 때 같은 긍정적인 감정을 평가하는 것을 좋아해요. 이것은 때때로 자신을 구질구질하게 느끼는 날들도 나쁘지만은 않다는 점을 깨닫게 해 줘요. 제 말뜻을 보여 줄 수 있는 이야기를 하나 해 드릴게요.

드디어 그날이 왔어요. 우리는 친구들과 공원에서 '큰 보물 찾기 게임(a big scavenger hunt)'을 할 예정이었어요! 창밖을 내다보았는데, 밖은 어둡고 비가 오고 있었어요. 엄마가 보물 찾기 게임이 취소되었다고 하셔서 실망했어요. 아침을 먹으려고 부엌에 가서 제가 좋아하는 시리얼 한 그릇을 부었는데, 그것을 온 바닥에 쏟았어요. 그게 마지막 시리얼이라서 다른 걸 먹어야 하는 바람에 짜증이 났어요. 새미와 저는 영화를 보기로 했어요. 그런데 영화가 시작하자마자 전기가 나갔어요. 짜증이 났죠. 그날 저녁에 발을 헛디뎠어요. 발이 너무 아팠어요! 엑스레이를 찍어야 했고, 저는 긴장했죠. 의사 선생님은 저에게 앞으로 6주 동안 깁스를 해야 한다고 말했어요. 너무 속상했어요! 잠자리에 들기 전에, "오늘은 형편없는 날이었어!"라고 말했어요. 아빠도 그날엔 구질구질한 일들이 있었다고 동의하셨죠. 그러고 나서 우리는 하루 동안 일어났던 몇몇 일에 대해 얘기했어요. 형편없지 않은 일을요……. 전기가 나간 후, 새미와 저는 큰 요새를 만들고 몇 시간 동안 책을 읽고 안에서 놀았지요. 그 일은 저에게 행복 5점과 뿌듯함 6점을 느끼게 했어요! 저는 깁스를 위해서 멋진 색깔을 골라야 했어요. 그것은 저에게 행복 1점을 느끼게 했죠. 새미와 우리 부모님이 서명을 했고, 저는 제 친구들도 서명하기를 고대하고 있어요. 그것은 행복 2점을 느끼게 했어요. 저녁은 제가 좋아하는 피자를 먹고 후식은 아이스크림을 먹었어요. 이것은 저에게 행복 3점을 느끼게 했어요. 그날은 구질구질한 일도 있었지만, 기쁨을 주는 일도 많았어요! 이런 것들을 알아차리는 것은 제 하루를 조금 덜 기분 나쁘게 만드는 데 도움이 되었답니다.

☕ 어른들을 위한 팁

> 아이가 작은 기쁨을 느끼도록 격려하는 것은 아이들이 더 많은 기쁨과 긍정적인 감정을 경험하는 것을 도울 수 있습니다. 더 긍정적인 감정을 경험하는 것은 부정적인 감정을 더 견딜 수 있게 만드는 데 도움이 될 수 있습니다.

기쁨 일기

매일 밤 잠들기 전에 오늘 하루 기뻤던 일을 적어도 하나씩 다음 표에 적어 보세요.

날짜	기뻤던 일	감정 온도 점수

〈강한 감정 처리하기〉

　자신이 경험하는 부정적인 감정을 평가하는 것은 도움이 돼요. 부정적인 감정이 얼마나 강한지 알아차리는 것은 그것들을 어떻게 다루어야 할지 결정하는 데 도움이 된답니다. 저는 화가 나거나 슬퍼하는 것을 전혀 참을 수 없다고 생각하곤 했어요. 조금 화가 났을 때, 그것은 끔찍하게 느껴졌죠! 감정 온도계에서 저의 분노가 얼마나 강한지 생각하기 시작했을 때, 어떤 분노는 불편하고 싫지만 그렇게 큰 문제는 아니라는 것을 깨달았어요. 예를 들어, 제 여동생이 우리가 할 게임을 고를 차례가 되면 전 화가 나요. 이에 대해 생각해 보고 감정 온도계로 제 감정을 평가했을 때, 이것이 단지 2점 정도의 화라는 것을 깨달았어요. 저는 2점 정도의 화는 참을 수 있어요! 참는다는 것은 불편한 감정을 다룰 수 있다는 것을 포괄하는 좋은 단어예요. 인간은 어떤 일이 좀 불편할 때도 참을 수 있어요!

　감정 온도계를 통해 감정을 평가하는 것은, 어떻게 해야 할지 결정하는 데 도움이 돼요. 저는 감정이 얼마나 강한지에 따라 각 문제를 다르게 대처하지요. 이에 대해 나중에 더 논의해 볼 거예요. 때때로 느낌이나 문제가 사라지지 않더라도 감정 온도계를 사용하면 그것에 대해 그리 나쁘게 느끼지 않는다는 점을 알아차리는 것이 편리해요. 저는 제 감정에 대처하기 위해 모든 노력을 기울인 후에 감정 온도계를 사용하는 것을 좋아해요. 제 감정이 조금이라도 식었는지 알아내는 것은 그 감정이 지나갈 것이라는 점을 깨닫도록 도울 수 있어요. 또한 이것은 제가 일어나는 일들을 통제할 수는 없지만 제가 생각하는 방식과 하는 일을 통제할 수 있다는 것을 기억하는 데 도움이 되고, 감정을 통제할 수 있는 힘을 줘요! 앞으로 우리는 감정을 통제하기 위한 더 많은 도구와 요령을 배우면서 감정 온도계를 계속 사용할 거예요.

🍵 어른들을 위한 팁

> 　모든 사람은 참을 수 있는 것에 대한 한계점을 가지고 있습니다. 때로 아이들에겐 가벼운 감정도 참기 어려울 때가 있습니다. 때때로 어른들은 아이들이 가벼운 감정들을 경험하는 모습을 지켜보는 것조차 어려워합니다. 그렇지만 아이들은 스트레스를 받는 상황을 탐색하는 경험을 쌓으며 감정을 식별하고 이해하는 방법을 배우면서, 다양한 감정을 용인하고 대처하는 능력을 강화할 수 있습니다. 아이가 스트레스를 받는 상황에 직면하도록 부드럽게 재촉할 때, 당신은 아이에게 이런 직면이 어떤 감정과 상황이 오든 통제할 수 있는 기술을 쌓는 데 도움이 될 것이라고 설명할 수 있습니다. 스트레스를 많이 받는 상황에 대처하기 위해 아이가 최선을 다하다가 넘어지더라도 아이를 잡아 주는 안전지대로서 당신이 있을 것이라고 자녀에게 이야기할 수 있습니다.

얼음 잡기

슬픔, 좌절, 분노, 당혹감과 같은 불쾌한 감정을 경험하는 것은 불편할 수 있어요. 얼음 조각을 손에 들고 있는 것도 불편할 수 있어요. 얼음을 쥐고 참는 것이 얼마나 불편한지 보세요! (감정을 참고 버티는 게 중요하다는 메시지)

얼음 한 조각을 가져와 한 손으로 잡으세요. 어른에게 5분 동안 알람을 맞추라고 하세요. 얼음이 차갑게 느껴질 거예요! 5분 동안 한 손으로 얼음을 잡는 불편함을 견딜 수 있는지 알아 보세요. 만약 너무 불편해지기 시작한다면, 5분이 다 될 때까지 참으면서 조금이라도 편안함을 느낄 수 있도록 여러분이 할 수 있는 것들을 생각해 보세요. 끝나면 어른과 함께 다음 질문에 대해 이야기하세요.

- 불편한 감정을 느꼈을 때 잠깐이라도 얼음을 잡을 수 있었나요?
- 얼음을 계속 들고 있는 게 너무 불편하다면 어떻게 하기로 결정했나요?
- 얼음을 좀 더 편안하게 잡기 위해 어떤 일을 했나요?
- 얼음을 잡는 게 훨씬 더 불편해졌지만 내려놓을 수 없다고 가정해 봅시다. 이 문제를 해결하기 위해 가능한 한 많은 아이디어를 생각해 보세요. 창의력을 발휘하세요!

  힌트: 문제 해결에는 다른 재료를 사용하는 것과 도움을 요청하는 것이 포함될 수 있어요.

여러분이 얼음 조각을 잡을 때의 불편함을 참을 수 있었던 것처럼 여러분은 불쾌한 감정을 경험할 때의 불편함도 참을 수 있어요! 여러분은 스스로 감정을 다루기가 어려울 때 문제를 해결하고 도움을 요청할 수 있어요.

어떤 아이들은 다른 아이들보다 더 강렬한 감정을 경험합니다. 강렬한 감정을 경험하는 것은 압도적일 수 있고 그것들을 관리하는 법을 배우기 어려울 수 있지만, 감정적인 강도는 놀라운 강점이 될 수 있습니다. 예민한 아이들은 모든 감정을 격렬하게 경험할 수 있습니다. 매우 열정적이고, 자상하고, 공감하고, 세심한 것은 아이가 훌륭한 일을 하도록 이끄는 데 도움이 될 수 있습니다. 심지어 분노와 같은 감정도 그들이 강력한 방법으로 변화를 일으키려고 노력하도록 동기를 부여할 수 있습니다.

아이들은 특히 감정이 강할 때 시간과 지원이 필요한 자신의 감정을 이해하고 관리하는 법을 배울 필요가 있습니다. 강렬한 감정에 의해 형성되는 행동은 모두에게 고통스러울 수 있기 때문에, 매우 민감한 아이들은 종종 너무 감정적이거나, 너무 극적이거나, 너무 소심하거나, 너무 과하다는 말을 듣습니다. 아이가 이러한 메시지를 받으면 자존감, 정신 건강, 자기 통제 능력에 상당한 영향을 미치는 수치심을 내재화할 수 있습니다. 아이들이 자신의 감정을 받아들이고 포용할 수 있도록 돕는 것은 중요합니다. 앞서 언급한 바와 같이, 아이들에게 보내는 중요한 메시지는 "우리의 생각과 감정은 좋지도 나쁘지도 않아. 그냥 생각과 감정일 뿐이야."입니다.

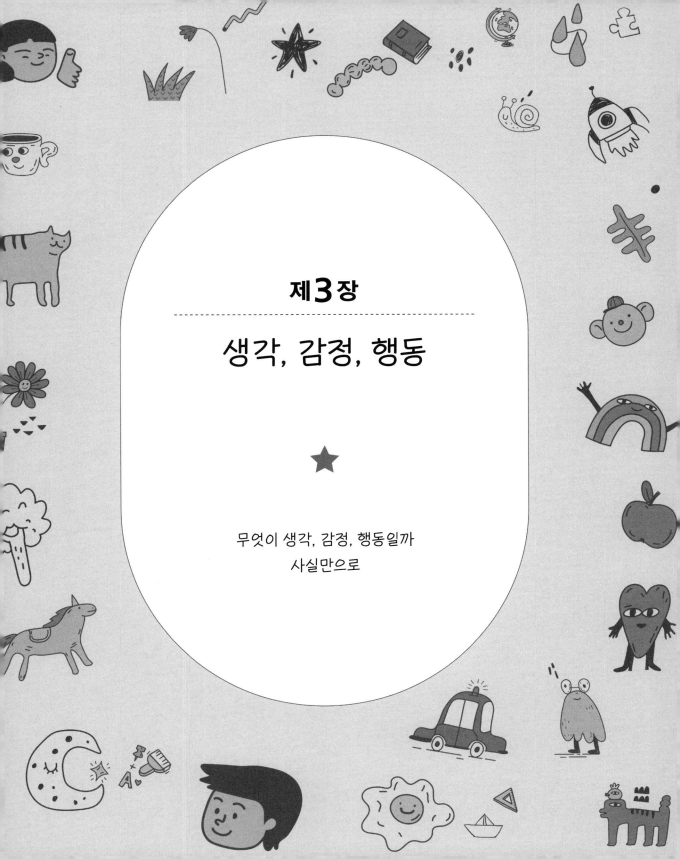

제3장

생각, 감정, 행동

★

무엇이 생각, 감정, 행동일까
사실만으로

우리에겐 매일 새로운 일이 일어나요. 저는 지금 일어나고 있는 일에 대해 생각하고 감정을 느껴요. 제 몸 안의 다양한 감각을 느끼고, 어떤 일이 일어나면 여러 가지 행동을 하고 싶어 해요. 제 생각과 감정, 행동은 모두 서로 영향을 줘요.

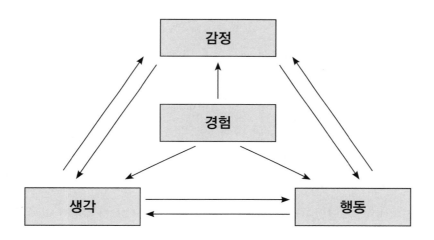

예를 들어, 수영장의 다이빙대에서 처음으로 뛰어내릴 때 전 정말 긴장했어요. '난 못해! 떨어지고 말 거야!'라고 생각했죠. 그렇게 생각하자 더 긴장됐어요. 심장이 아주 빨리 뛰기 시작했고, 배 쪽의 긴장감이 점점 위로 올라와 어깨가 뻐근해졌어요. 그런 느낌 때문에 더욱더 긴장하게 됐죠! 저는 뒤돌아서 다이빙대에서 내려오고 싶었지만 뛰어내리려고 시도하지 않으면 더 실망할 거라는 걸 알았어요.

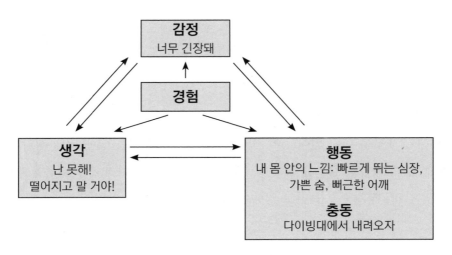

내가 하는 생각, 느끼고 있는 감정, 하는 행동을 알아차리는 건 아주 유용해요. 어떤 일이 일어날지는 내가 선택할 수 없지만 어떻게 생각하고 행동하는지는 내가 결정할 수 있어요. 그걸 생각하면 어떤 감정이나 경험도 두렵지 않답니다!

다이빙대 위에 서 있는 동안 저는 자동적인 생각(automatic thought)은 사실이 아니고 도움도 되지 않는다는 걸 깨달았어요. 그리고 '난 다이빙할 수 있어! 떨어지지 않게 조심하면 돼. 떨어진다고 해도 괜찮을 거야. 저기 인명구조요원도 있잖아.'라고 생각하자 긴장이 조금 풀렸어요. 저는 숨을 크게 들이마시고 어깨에 힘을 뺐어요. 그러자 긴장이 더 풀렸어요. 긴장됐지만 감정을 다스리고 뛰어내릴 수 있었어요. 아무런 일도 없었답니다! 그 다음부터 다이빙대에 올라가면 긴장하기보다는 신이 났어요.

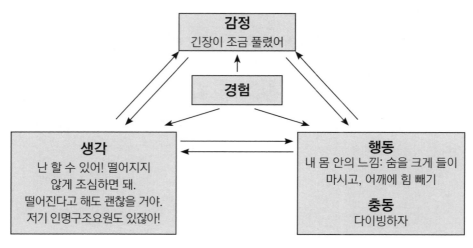

무엇이 생각, 감정, 행동일까

다양한 생각, 감정, 행동을 알아차리는 법을 배우고 연습하는 것은 우리에게 다가올 감정이나 경험을 통제할 힘을 줘요. 각 진술이 생각인지, 감정인지, 행동인지를 동그라미 하면서 연습해 보세요. 잊지 마세요. 행동은 우리 몸 안에서 자동으로 일어나는 것일 수도 있고, 우리가 하는 행동일 수도 있어요.

진술	동그라미 하세요		
너무 불공평해!	생각	감정	행동
난 울고 있어.	생각	감정	행동
난 너무 좋아서 펄쩍 뛰었어.	생각	감정	행동
난 화가 나.	생각	감정	행동
난 이 숙제를 절대 해내지 못할 거야.	생각	감정	행동
난 소리를 지르고 있어.	생각	감정	행동
저 애는 못된 것 같아.	생각	감정	행동
난 어쩔 줄 모르겠어.	생각	감정	행동

어른들을 위한 팁

많은 사람이 화가 나는 감정과 공격적인 행동을 구분하는 것을 어려워합니다. 우리 사회에서는 분노와 공격행동을 같은 것으로 생각하고 말하는 경우가 잦기 때문이죠. 이는 아이들이 화나는 감정을 느끼는 것 자체가 나쁘다는 생각을 하게 할 수도 있습니다. 아이들이 화가 나는 것이 자연스럽고 건강한 감정임을 아는 것이 중요합니다. 우리는 화가 날 때면 공격적인 행동을 하고 싶어지지만, 분노와 공격행동은 같은 것이 아닙니다. 화나는 감정을 느끼면서도 공격적이지 않은 방식으로 행동할 수 있습니다.

답 1. 생각, 2. 행동, 3. 행동, 4. 감정, 5. 생각, 6. 행동, 7. 생각, 8. 감정

사실만으로

∙∙

어른에게 2분 이하의 동영상을 고르는 것을 도와 달라고 하세요. 동영상을 보면서 어떤 일이 일어나는지 가능한 한 자세하게 설명하되, 사실만을 쓰세요. 무슨 일이 일어나고 있는지에 대한 감정, 생각, 의견을 포함시키지 마세요. '사실'은 우리 모두가 눈을 감고 같은 방식으로 상상할 수 있는 것을 뜻해요.

하나의 예시가 있어요. 저는 유튜브를 통해 〈굿모닝 아메리카〉의 '아이스크림을 처음 먹어 본 아기의 유쾌한 반응 보기' 동영상을 시청했어요.
처음 그것을 설명하려고 시도했을 때, 다음과 같이 썼어요.

> 그 아기는 아이스크림을 한 입 먹었다. 아기는 그것을 너무 좋아해서 움켜쥐고 더 먹을 생각에 너무 신이 났다.

이 설명은 일어난 일에 대한 저의 생각과 의견으로 가득 차 있네요. 아기가 무엇을 느끼는지 짐작은 할 수 있지만 확실히 알 수는 없어요. 다음은 사실만으로 동영상을 설명한 내용이에요.

> 그 아기는 아이스크림을 한 입 먹었다. 아기는 그것을 보았다. 아기의 눈이 커졌다. 아기는 그것을 꽉 쥐고 계속해서 먹었다.

이제 여러분 차례예요. 짧은 동영상을 보고 감정과 의견이 아닌 사실만을 가지고 그것을 설명해 보세요.

_____

_____

_____

_____

_____

_____

_____

_____

_____

나의 생각과 감정, 행동의 차이에 대해 생각하기 시작했더니 다음을 배웠어요.

멈춰라: 내 몸의 감정을 알아차리고 진정시키세요.

생각하라: 나의 생각에 대해 생각하고 도움이 되지 않는 생각에 대해 반박하세요. 그리고,

진행하라: 나의 행동을 선택하세요.

제 4 장

나의 몸으로 나타나는 감정

★

나의 몸이 어떻게 느낄까
사자가 나타났다!
우리의 반응 평가하기

우리가 감정을 느낄 때 우리의 몸은 반응해요. 서로 다른 감정들에 대해 우리의 몸은 다른 감각을 느낀답니다.

내가 가장 좋아하는 영화배우를 만났을 때 배가 간지러웠고, 심장이 뛰었고, 머리에서 발 끝까지 활기찬 느낌을 느꼈다. 나는 흥분되었다.

가장 친한 친구가 이사를 갔을 때 온몸이 무겁고 피곤했고, 목이 메였고, 눈물이 났다. 나는 슬펐다.

흥분한

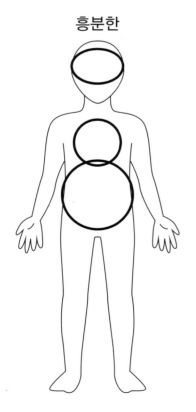

슬픈

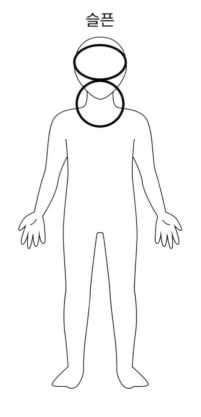

동물원에서 카메라로 사진을 찍고 있을 때 내가 정말 찍고 싶었던 원숭이를 찍으려고 하자 엄마가 세미의 차례라고 하셨다. 내 얼굴은 뜨거워져서 빨개졌고, 내 심장은 빠르게 뛰기 시작하였고, 호흡은 짧고 얕아졌고, 턱은 긴장했고, 주먹을 불끈 쥐었다. 나는 화가 났다.

잠을 자려는데 어두운 침실에서 이상한 소리가 들렸을 때 호흡은 짧아지고 얕아졌고, 어깨와 턱은 긴장했고, 심장은 빠르게 뛰기 시작했다. 나는 불안했다.

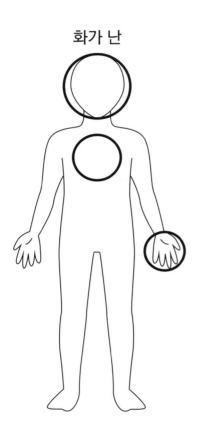

화가 난

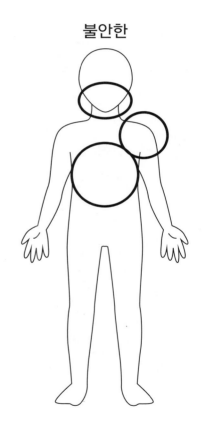

불안한

몸의 감각을 알아차릴 때, 그것은 종종 제가 경험하고 있는 감정을 깨닫도록 도와줘요. 그것은 제 감정과 반응을 조절할 수 있는 더 많은 힘을 주죠.

나의 몸이 어떻게 느낄까

●●

다양한 감정을 경험할 때 여러분의 몸이 어떻게 느끼는지 생각해 보세요. 각 감정들을 느낄 때, 몸의 어떤 부분이 어떻게 느껴지는지 글을 쓰고 그림을 그려 보세요. 여러분이 지금 감정을 어떻게 느끼는지 가능한 한 잘 표현한 뒤 이 활동을 다시 시작하고, 감정을 경험한 후에 여러분의 몸에서 어떻게 느끼는지 주목하면서 더 많이 추가하는 것이 도움이 될 수 있어요.

기쁜

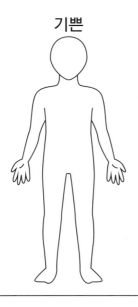

흥분한

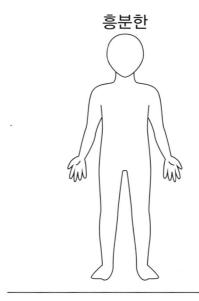

슬픈

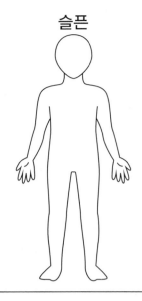

불안한

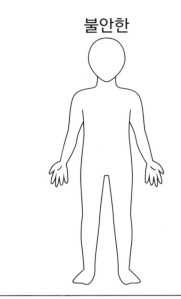

화가 난

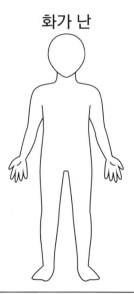

당황스러운

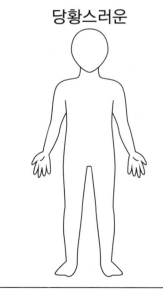

이건 정상이고, 우리가 다른 감정을 느낄 때 몸이 반응하도록 하는 데 실제로 도움이 된답니다. 우리의 감정은 모두 중요한 역할을 해요. 그들은 우리가 행동을 하도록 하며, 우리의 감정을 만들어 낸 상황에 대해 무언가를 할 수 있도록 도와줘요.

- 학교에서 전학생을 놀리고 있는 반 친구를 봤을 때 나는 슬프고 화가 났다. 슬프고 화가 나는 감정은 내가 반 친구에게 전학생을 내버려 두라고 말하게 하고, 전학생에게 나와 같이 앉아서 점심을 먹지 않겠냐고 물어보도록 만들었다.

- 내가 공을 던지고 실수로 부엌 창문을 깨뜨렸을 때 나는 죄책감을 느꼈다. 죄책감은 내가 부모님께 사과를 드리고 앞으로 공을 던질 때 더 조심하도록 만들었다.

- 내가 철자 맞추기 대회에 참가하게 되었을 때 나는 긴장했다. 긴장은 내가 대회 전에 공부하고 연습하도록 만들었다.

〈싸우거나, 도망치거나, 얼어붙거나〉

만약 여러분이 정글을 걷고 있는데 사자가 여러분을 쫓아온다면, 어떤 감정이 느껴질 것 같나요?

여러분은 아마 위협을 느끼거나 긴장과 비슷한 감정들(두렵거나, 불안하거나, 걱정되거나 등)을 느낄 거예요. 우리가 위협을 느끼거나 긴장할 때, 우리의 몸은 '싸우거나, 도망치거나, 얼어붙는 반응'을 준비해요. 이것은 사자가 우리를 따라오는 상황처럼, 우리를 보호하기 위해 싸우거나, 도망가거나, 멈춰야 하는 위협에 실제로 마주쳤을 때 도움이 되죠. 우리의 몸이 싸움을 준비하면 근육은 긴장되고, 가슴의 호흡은 짧고 얕아지며 심장은 빠르게 뛰기 시작해요. 이것은 우리가 주먹을 날리거나, 발로 차거나, 다른 싸움을 위한 행동을 할 수 있도록 해요.

도망가는 것도 우리의 근육을 긴장시키고, 숨을 짧아지게 하고, 심장이 빠르게 뛰게 해서 우리의 몸이 어떤 것으로부터 도망칠 수 있게 만들어요. 우리의 몸은 비슷한 방식으로 얼어붙을 준비를 하지만, 우리는 때로 짧게 숨을 쉬기보다 숨을 참기도 합니다. 우리의 몸이 싸우거나,

도망치거나, 얼어붙을 준비를 하면, 이것은 우리가 이 행동 중 하나를 선택해야 한다고 우리의 머리에 말해 줘요. 우리가 실제로 싸우거나, 도망치거나, 얼어붙어서 피해야 하는 게 없을 때 우리가 긴장한다면 그건 쓸모가 없어져요.

우리는 몸이 다양한 감정을 느낄 때 그 감정들의 목적을 이해하도록 도와주는 신체 활동을 할 거예요. 이 활동은 여러분이 돌아다녀야 하니 이 활동을 위해 좋은 시간과 장소를 고르세요!

사자가 나타났다!

● ●

　여러분을 쫓고 있는 사자를 상상하세요. 달리세요! 2분 동안 여러분이 할 수 있는 만큼 빨리 달리세요. 2분 동안 빠르게 달린 뒤에, 멈춰서 다음의 질문에 답하세요.

1. 여러분의 심장이 빠르게 뜁니까, 느리게 뜁니까?　　　□ 빠르다　　□ 느리다

2. 숨을 쉴 때마다 배가 움직입니까, 가슴이 움직입니까?　　□ 배　　　□ 가슴

3. 호흡이 빠릅니까, 느립니까?　　　　　　　　　　□ 빠르다　　□ 느리다

4. 근육이 긴장되었나요, 풀어졌나요?　　　　　　　□ 긴장되었다　□ 풀어졌다

　우리가 할 수 있는 만큼 빨리 달리면, 보통 우리의 심장은 빨리 뛰고, 가슴의 호흡은 빠르고 짧아지며, 근육은 긴장해요.

　이제 사자가 여러분을 따라잡았고, 가까이에 덤불이 있다고 상상해 보세요. 여러분이 덤불 안으로 들어간 척을 해 보세요. 멈추세요! 아마 여러분이 가만히 있으면, 사자는 여러분을 보지 못할 거예요. 2분 동안 몸을 움직이지 않도록 해 보세요. 2분 동안 멈춰 있어 본 뒤, 다음의 질문에 답하세요.

1. 여러분의 심장이 빠르게 뜁니까, 느리게 뜁니까?　　　□ 빠르다　　□ 느리다

2. 숨을 쉴 때마다 배가 움직입니까, 가슴이 움직입니까?　　□ 배　　　□ 가슴

3. 호흡이 빠릅니까, 느립니까?　　　　　　　　　　□ 빠르다　　□ 느리다

4. 근육이 긴장되었나요, 풀어졌나요?　　　　　　　□ 긴장되었다　□ 풀어졌다

우리가 멈춰있을 때 우리의 심장이 빨라지고, 호흡이 짧아지고 얕아지거나 느려지며, 근육이 긴장되는 것은 흔한 일이에요.

이제 사자가 우리를 찾았다고 상상해 보세요. 싸울 시간입니다! 일어나서 (다른 사람으로부터 멀리 서세요) 사자와 싸우는 것처럼 모든 힘을 다해 허공에 주먹을 휘두르고 발로 차세요. 2분 동안 이것을 하고, 다음 질문에 답하세요.

1. 여러분의 심장이 빠르게 뜁니까, 느리게 뜁니까? ❏빠르다 ❏느리다

2. 숨을 쉴 때마다 배가 움직입니까, 가슴이 움직입니까? ❏배 ❏가슴

3. 호흡이 빠릅니까, 느립니까? ❏빠르다 ❏느리다

4. 근육이 긴장되었나요, 풀어졌나요? ❏긴장되었다 ❏풀어졌다

우리가 싸울 때 우리 심장은 빨리 뛰고, 가슴의 호흡은 빨라지고 짧아지고 얕아지며, 근육이 긴장되는 것은 전형적인 일이에요.

우리의 반응 평가하기

• •

　다음에 나열된 사건들을 맞닥뜨렸을 때 싸우거나, 도망치거나, 얼어붙을 경우 자신이 어떤
모습일지 예시를 떠올려 보세요. '감정 발사 버튼'에 대한 반응 중 도움이 되는 것에 동그라미
를 치세요. '감정 발사 버튼'에 대한 반응 중 나에게 도움이 되지 않는 것에 밑줄을 그으세요.

발사 버튼 사건	싸우는 반응	도망치는 반응	얼어붙는 반응
시험을 본다.	• 선생님에게 소리를 지른다. • 연필을 던진다. • 책상을 때린다.	• 아픈 척을 한다. • 화장실에 숨는다.	• 시험지를 쳐다보며 아무 것도 하지 않는다.
자전거를 탄다.			
남 앞에서 발표한다.			
병원에 간다.			

우리가 두렵거나 불안할 때, 우리 몸 안에서는 보통 다음과 같이 느껴요.

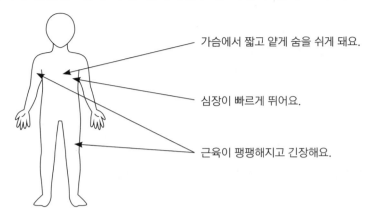

가슴에서 짧고 얕게 숨을 쉬게 돼요.

심장이 빠르게 뛰어요.

근육이 팽팽해지고 긴장해요.

우리 몸의 이러한 신체적 변화는 싸우거나, 도망치거나, 얼어붙는 반응을 준비시켜요. 사자가 우리를 쫓아온다면 싸우거나, 도망치거나, 얼어붙을 수 있는 것이 중요하지만, 우리의 불안이 사자에 의해 유발되는 경우는 매우 드물어요.

우리가 불안을 느끼고 몸이 싸우거나, 도망치거나, 얼어붙는 반응을 준비하지만 실제로 싸우거나 도망가거나 얼어붙을 이유가 없을 때, 신체의 느낌은 우리가 더 강한 불안을 느끼도록 만들 수 있어요.

제가 철자 맞추기 대회에 참가하기 전에 긴장한다고 말했던 거 기억나시나요? 자, 철자 맞추기 대회에서 첫 번째 순서로 무대에 올라갈 시간이 되자, 저의 온몸은 걱정으로 가득 찼어요. 가슴에서 숨이 가빠졌고, 어깨가 긴장됐고, 심장이 뛰기 시작했어요. 저는 도망치고 싶었어요. 저는 제 몸에서 이러한 감각들을 알아차렸고, 제가 감정 온도계에서 8℃의 긴장을 느끼고 있다는 것을 깨달았죠. 저는 몸을 풀었어요. 몸을 풀고 나니, 걱정이 사라지지는 않았지만 조금 줄어들었답니다. 저는 감정 온도계 3℃ 정도의 긴장감을 느꼈어요. 몸을 진정시키면서 도망칠 필요가 없다는 메시지를 머리로 보냈어요. 이것은 제가 걱정을 제어할 수 있도록 도와주었어요. 저는 제 차례에 무대에 올라가서 제가 할 수 있는 최선을 다했답니다. 걱정이 대회에 나가는 것을 막도록 내버려 두지 않았죠!

제 몸에서 다양한 느낌을 알아차릴 때, 그것은 제 감정을 파악하는 데 도움이 되고 진정하기 위해 제가 무언가를 하도록 만들어요.

이것이 제 감정을 제어하기 위한 첫 번째 단계예요.

제5장

이완 활동

★

이완 활동 연습하기
주변 환경을 고려해 이완 활동 선택하기
이완 활동으로 통제감 되찾기

몸의 긴장을 푸는 것은 감정을 약하게 만드는 데 도움이 될 수 있어요. 우리의 감정이 약할 때 우리는 감정을 제어할 수 있는 더 많은 힘을 갖게 돼요.

우리 몸을 돌보기 위해 할 수 있는 일은 다양해요. 제가 가장 좋아하는 몸의 긴장을 푸는 몇 가지 방법을 알려 드릴게요!

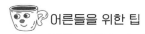 어른들을 위한 팁

> 이완 활동을 배우고 연습하는 것을 아이의 하루 일과에 재미있는 부분이 되도록 해 보십시오. 아이가 이러한 운동을 더 많이 연습할수록 순간의 감정을 관리하기 위해 운동을 효과적으로 사용할 수 있을 것입니다. 이것은 차분하고 편안한 경험일 수도 있고 심지어 '이상하게 보이는' 경험일 수도 있습니다. 때로는 약간의 '이상함'이 아이들이 도구를 기억하는 데 도움이 됩니다. 이러한 이완 활동을 할 때 '이상해 보일' 수 있는 경우가 많습니다. 앞으로 보게 될 것처럼 이완은 배꼽에 손가락을 넣고 엉덩이 근육을 꽉 쥐는 것을 포함합니다!

〈배꼽 호흡〉

의자에 앉아 편안한 자세를 찾아요. 배 위에 손을 얹어요. 숨을 쉴 때마다 배가 오르락내리락하는지 확인해 보세요. 만약 그렇지 않다면, 배가 오르내리도록 호흡을 바꿔요. 약 4초 동안 코로 숨을 들이쉬고 약 5초에서 8초 동안 입으로 숨을 내쉬어요. 2분 동안 또는 마음이 진정될 때까지 계속하세요.

〈장난감 호흡〉

누워서 편안한 자세를 찾아요. 배꼽 위에 인형이나 다른 작고 가벼운 장난감을 놓아요. 숨을 들이마실 때 장난감이 올라가고 내쉴 때 내려가는 것을 지켜보세요. 장난감이 오르락내리락하지 않는다면, 그렇게 되도록 호흡을 바꿔요. 2분 동안 또는 마음이 진정될 때까지 호흡을 계속하며 숨을 쉴 때마다 장난감이 위아래로 움직이는 것을 지켜봐요.

〈한쪽 콧구멍 호흡〉

손가락으로 콧구멍 하나를 막고 입을 다물어요. 반대쪽 콧구멍으로 천천히 숨을 들이쉬고 내쉬어요. 이러한 종류의 호흡은 숨을 쉬기가 어려울 때 특히 도움이 될 수 있어요.

〈인형 흉내내기 기법〉

1. 의자에 앉아요.

2. 주먹을 쥐고 손과 팔을 최대한 조여요. 계속 더 세게 조여요. 열을 세면서 더욱 세게 조여요. 모든 근육을 풀고, 숨을 크게 내쉬고, 손과 팔에 남아 있는 모든 긴장을 털어 내요. 봉제인형처럼 느슨하고 헐렁하게 만들어요. 꽉 조인 것과 풀린 것의 차이를 확인하세요.

3. 이제 어깨를 조여 귀 쪽으로 들어 올리고, 목을 조이세요. 최대한 꽉 조이세요. 열을 세면서 계속 더 세게 조여요. 그런 다음 긴장을 풀고, 숨을 크게 내쉬고, 어깨와 목을 봉제인형처럼 느슨하고 헐렁하게 만들어요. 모든 근육을 풀어 어깨와 귀 사이에 넓은 공간을 만들어요.

4. 다음으로 하체 근육을 조여요. 10초 동안 최대한 꽉 조이고, 숨을 크게 내쉬고, 하체의 긴장을 풀어 주세요.

5. 다리를 앞으로 쭉 뻗고 발가락을 하늘로 뻗어요. 최대한 힘을 꽉 주고 열까지 세어 보세요. 숨을 내쉬고, 긴장을 풀고, 다리를 내리고, 모든 근육을 풀고, 흔들어요.

6. 다시 다리를 앞으로 뻗되, 이번에는 몸에서 먼 쪽으로 발가락을 구부리세요. 열까지 세면서 점점 더 세게 조여요. 다리를 땅에 떨어뜨리고, 숨을 크게 내쉬고, 긴장을 털어 내어 다리를 봉제인형처럼 느슨하고 헐렁하게 만들어요.

7. 다음으로, 얼굴 근육을 조이세요. 눈을 꼭 감고, 눈썹과 이마를 꽉 조이고, 코를 조이고, 턱을 조이세요. 10초 동안 최대한 꽉 조였다가, 다 풀어 줘요. 입을 벌리고 턱을 꿈틀거리면서 얼굴

근육을 완전히 풀어 줘요.

8. 가능한 한 온몸을 꽉 쥐어짜세요. 숫자를 세면서 점점 꽉 쥐어짜 보세요.

9. 그러고 나서 의자에 완전히 털썩 주저앉으면서, 여러분의 몸을 완전히 이완시키세요. 당신의 근육이 너무 느슨해져서 만약 누군가가 와서 여러분의 팔을 잡으면 마치 느슨한 인형처럼 팔은 바로 아래로 떨어질 거예요.

〈의자 기법〉

발을 땅에 대고 의자에 앉아 양손으로 의자 밑을 잡고 힘껏 끌어올리세요. 발로 땅을 힘껏 아래로 밀어내세요. 팔로 계속 당기고 발로 밀면서 열까지 세어 보세요. 열까지 세고, 근육을 완전히 이완시키세요. 긴장한 것과 편안한 것의 차이를 느껴 보세요. 여러분의 몸에 남아 있는 어떠한 긴장도 꿈틀거리게 해 보도록 노력하세요.

〈몸에서 스트레스 털어 내기〉

물을 말리는 것처럼 손을 털어 주세요. 여러분이 10초 동안 가능한 한 빨리 손을 계속해서 흔들면서 여러분의 모든 스트레스와 긴장이 손끝에서 날아가는 것을 상상해 보세요. 손을 양옆으로 내려놓으세요. 손가락이 얼얼할 수도 있어요. 심호흡을 몇 번 하고 여러분의 팔과 손에서 편안하고 소름끼치는 감각을 알아차리세요. 천천히 어깨를 앞으로 세 번 굴리고, 천천히 어깨를 뒤로 세 번 굴려 보세요. 어깨와 귀 사이의 공간을 최대한 넓게 만들면서 어깨를 아래로 누르세요. 왼쪽 귀를 왼쪽 어깨 쪽으로 천천히 누른 다음 오른쪽 귀를 오른쪽 어깨 쪽으로 누르세요. 머리를 원래 위치로 가져오세요.

저는 매일 밤 자기 전에 이 이완 활동을 연습하는 것을 좋아합니다. 이것은 제가 잠들기 전에 안정을 취하도록 도와줘요. 또한 밤에 이 활동들을 연습하는 것은 제가 순간적으로 제 감정을 통제하기 위해 이 활동을 사용하는 것을 더 잘하도록 도와주었어요. 화가 나거나, 기분이 안 좋거나, 불안하거나, 다른 불편한 감정을 느낄 때 이 활동들을 사용하는 것을 기억하기가 어려웠어요. 가끔 저는 그것들을 사용하는 것은 기억했지만 그것들이 저를 진정시키는 데 도움이 되지 않는 것처럼 느꼈죠. 하지만 이완 활동을 더 많이 연습할수록 저는 감정을 진정시키기 위해 그것들을 더 잘 사용하게 되었답니다.

 어른들을 위한 팁

> 근육을 푸는 연습하는 시간을 아이들의 하루 일과에서 지속적인 부분으로 정하는 것은 도움이 될 수 있습니다. 여러분과 여러분의 아이는 이제 막 이완 활동을 배우고 체화하고 있기 때문에, 어떤 사람들은 일주일 동안 매일 같은 운동을 연습하고 그 다음 주에 다른 이완 활동으로 바꾸는 것이 가장 효과적이라고 생각합니다. 이것은 아이가 각각의 이완 활동에 전문가처럼 느끼도록 도울 수 있고, 처음에는 그것이 웃기다고 느껴지더라도 아이가 각각의 운동에 기회를 주도록 격려할 수 있습니다.

이완 활동 연습하기

∙ ∙

매일 적어도 5분 동안 하나의 이완 활동을 연습하세요. 표를 사용하여 날짜와 이완 활동 또는 연습한 활동을 기록하세요. 매일 이 작업을 수행하는 특정 시간을 정해 두는 것이 도움이 될 수 있습니다.

날짜	이완 활동 연습

기분이 변하는 것을 알아차렸을 때, 반응하기에 앞서 잠시 멈추고 진정시키기 위한 이완 활동을 하는 것이 도움이 된답니다. 저는 다른 감정과 다른 상황에 따라 다른 이완 활동을 사용하는 것을 좋아해요. 이완 활동이 강한 감정들을 다루는 데 도움을 주었던 때에 대해 이야기들을 나누어 볼게요.

○ 저는 비행기를 탈 때마다 긴장해요. 저는 자리에 앉자마자 배꼽에 손을 대고 이륙할 때까지 배꼽 호흡(복식 호흡)을 하죠. 배꼽 호흡은 제가 비행하는 동안 느끼는 불안감을 조금 덜 강하게 만드는 데 도움이 된답니다.

○ 초대받지 않은 생일파티에 대해 알았을 때 너무 속상했어요. 제가 가장 좋아하는 비디오 게임도 즐기지 못했죠. 저는 장난감 호흡을 하기로 했어요. 배에 장난감 자동차를 올려놓고 2분 동안 숨을 들이쉬고 내쉬면서 그것이 오르락내리락하는 것을 지켜보았어요. 다하고서도 여전히 기분이 안 좋았지만, 좀 더 차분해졌어요. 그래서 비디오 게임을 더 즐길 수 있었고, 그 감정은 결국 사라졌어요.

○ 실수로 아빠의 휴대전화를 변기에 떨어뜨렸을 때 저는 큰 죄책감을 느꼈고, 저에게 좌절감을 느꼈고, 아빠가 어떻게 반응하실지 걱정했어요. 저는 거의 숨을 쉴 수가 없어서 한쪽 콧구멍 호흡을 했어요. 결국, 저는 숨을 쉴 수 있었고 그 상황에 대처할 수 있었어요.

○ 가끔 여동생과 싸우다가도 제 감정이 저를 지배하기 시작해요. 이런 일이 일어나는 걸 알아차렸을 때, 저는 동생에게 시간이 필요하다고 말하고, 침실로 가서 인형 흉내내기 기법을 하죠. 일단 제 몸이 편안해지면 저는 더 통제력을 느끼게 되고, 그러고 나서 저는 여동생과 제가 싸웠던 것에 대해 다루고 싶은지 아니면 그냥 내버려 두고 제 하루를 보내고 싶은지 결정해요.

○ 어느 날, 선생님이 수업 중에 저에게 질문에 대답하라고 했어요. 저는 틀린 대답을 했고 누군가가 낄낄거리는 소리를 들었어요. 너무 창피하고 화가 나서 의자 기법을 했어요. 그것은 제가 당황스럽고 화가 났음에도 불구하고 제 몸을 편안하게 하고 통제할 수 있도록 도와주었죠. 그 감정들은 제가 공부에 집중하고 학습하는 것을 막지 못했어요. 결국 그 감정들은 지나갔답니다.

○ 숙제를 하는 것은 스트레스가 될 수 있어요. 스트레스가 더 강해지는 것을 알게 되면, 저는 스트레스를 털어내기 위해 휴식을 취해요. 이것은 제가 최선을 다해 숙제하는 데에 방해되는 감정을 막을 때 도움이 되었답니다.

이것들은 이완 활동이 제 감정을 통제할 수 있는 힘을 주었던 많은 시간 중 일부일 뿐이에요!

사용할 이완 활동을 선택할 때는 우리가 어디에 있고 우리 주변에서 무슨 일이 일어나고 있는지 생각하는 것이 중요해요. 예를 들어, 인형 흉내내기 기법은 수업 시간에 앉아 있을 때 사용하기 좋은 이완 활동은 아니에요. 그것은 다른 학생들이 공부하는 것을 방해하고, 그들을 혼란스럽게 하거나 짜증을 느끼게 할 수 있고, 그들은 저의 기분을 나쁘게 만드는 방식으로 반응할 수 있어요. 의자 기술이나 배꼽 호흡은 둘 다 훨씬 조용하고 눈에 잘 띄지 않게 할 수 있죠. 인형 흉내내기 기법은 학교 상담실에서 진정되었을 때 매우 유용하고 더 적절할 수 있어요.

주변 환경을 고려해 이완 활동 선택하기

● ●

각각의 환경에 대해 생각해 보고, 그곳에서 사용하면 도움이 될 것 같은 다양한 이완 활동을 적어 보세요.

교실에서

_____

_____

_____

학교 상담실에서

_____

_____

_____

쉬는 시간에

_____

_____

_____

가족과 함께 저녁을 먹을 때

_____

_____

_____

침실에서

_____

_____

_____

차 안에서

_____

_____

_____

기타

_____

_____

_____

활동

이완 활동으로 통제감 되찾기

⬤ ⬤

　강렬한 감정을 느낄 때 진정시키기 위한 이완 활동을 연습해 보세요. 그럴 때 다음의 표를 채워 보면, 어떤 방법을 쓸지 기억하는 데에 도움이 될 수 있어요. 또한 강렬한 감정이 가라앉고 난 다음에 이 표를 채워 볼 수도 있어요. 이전에 느꼈던 감정과 그 감정을 어떻게 다뤘는지 생각해 보는 것은 지난 경험으로부터 배우는 데에 도움이 될 수 있어요. 어떤 식으로든 표를 채워 보는 게 도움이 될 거예요!

일어난 일	이완하기 전의 느낌 [감정과 감정 온도계의 온도 (0~10℃)]	시도한 이완 활동	이완한 후의 느낌 [감정과 감정 온도계의 온도 (0~10℃)]
예 한창 게임을 하고 있었는데, 엄마가 저녁을 먹으러 오라고 했다.	짜증남(8)	배꼽 호흡	짜증남(4)

일어난 일	이완하기 전의 느낌 [감정과 감정 온도계의 온도 (0~10℃)]	시도한 이완 활동	이완한 후의 느낌 [감정과 감정 온도계의 온도 (0~10℃)]

제6장

나의 자동적 사고

★

'일어난 일'이 감정을 불러일으킨다고 종종 생각해 왔지만, 일어난 일에 대해 생각하는 방식이 감정을 만든다는 것을 배우게 되었어요. 자신의 생각을 항상 알아차리지는 못해요. 생각에 대해 생각하는 방법을 배웠더니 감정을 조절하는 데에 도움이 되었어요![1]

생각하는 방법에 따라 같은 일이 일어나도 이에 대해 완전히 다른 감정을 느낄 수 있어요. 이게 무슨 뜻인지 알려 드릴게요.

어느 날, 잠에서 깨어 창밖을 봤어요. 밖에는 비가 내리고 있었어요. 저는 '오, 짱이다! 비가 오네!' 어제 정원에 물 주는 걸 깜빡했는데. 이제 식물이 그렇게 목마르진 않겠네!'라고 생각했어요. 행복했어요.

또 다른 날, 잠에서 깨어 창밖을 봤어요. 밖에는 비가 내리고 있었어요. 저는 "안 돼! 비가 오잖아! 오늘 친구랑 자전거 타러 가기로 했는데. 망했다. 망했어!"라고 생각했어요. 저는 슬펐어요.

몇 주 뒤, 잠에서 깨어 창밖을 봤어요. 밖에는 비가 내리고 있었어요. 저는 '이런, 비가 오네! 지난번에 비가 왔을 때 미끄러져서 아끼던 바지를 찢어 먹었지. 이번에도 또다시 넘어지겠지?'라고 생각했어요. 저는 불안해졌어요.

그리고 또 다른 날, 잠에서 깨어 창밖을 봤어요. 밖에는 비가 내리고 있었어요. 저는 '아, 비가 오네. 실망이야. 오늘은 집에서 놀아야겠어.'라고 생각했어요. 저는 살짝 실망했어요.

네 번에 걸쳐 같은 일이 일어났어요. 창밖을 봤고 비가 내렸죠. 자동적 사고가 달라졌기에, 비에 대한 감정 또한 날마다 달라졌어요. 자동적 사고는 어떤 일이 일어났을 때 머릿속에 번쩍

---

1) 역자 주: 어떤 일이 일어난 후 막 떠오르는 생각을 뜻한다.

떠오르는 생각이나 상상을 말해요.

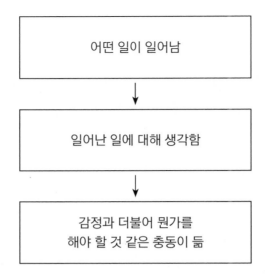

이러한 생각들은 일어난 일에 대해 다양한 방식으로 느끼게 해요.

감정과 생각에 이름 붙이기

다음의 시나리오와 생각들을 읽어 보세요. 각 생각이 일으킬 수 있는 감정들의 이름을 적어 보고, 그 감정들이 얼마나 강력할지 감정 온도계로 재 보세요.

일어난 일	생각	감정	감정 온도계
시험을 보고 있다.	나는 떨어질 거야.		
시험을 보고 있다.	나는 내가 할 수 있는 최선을 다할 거고, 그거면 충분해.		
아빠가 놀러 가기 전에 방을 치워야 한다고 말씀하셨다.	난 이제 재미를 느낄 수 없어.		
아빠가 놀러 가기 전에 방을 치워야 한다고 말씀하셨다.	이 일을 가능한 한 빨리 끝내고 놀 거야.		
침대에서 일어나 학교 갈 준비를 해야 할 시간이다.	침대에서 일어나기 싫어! 피곤해. 침대에 더 있어야 해!		
침대에서 일어나 학교 갈 준비를 해야 할 시간이다.	난 침대에서 일어나기 싫어. 하지만 할 수 있어. 침대에서 일어나 학교에 가는 게 나에게 더 좋을 거야.		

시도해 보세요 여러 상황에 대한 시나리오를 읽고, 적혀 있는 각각의 감정들을 일으킬 수 있는 생각을 써 보세요.

일어난 일	생각	감정	감정 온도계
주사를 맞아야 한다.		긴장	긴장 8℃
주사를 맞아야 한다.		긴장	긴장 2℃
여동생이 노래하고 있다.		짜증	짜증 6℃
여동생이 노래하고 있다.		즐거움	즐거움 6℃
나는 보드게임에서 졌다.		우울함	우울함 5℃
나는 보드게임에서 졌다.		행복, 우울함 (가끔 우린 같은 일, 같은 시간에 대해 이전 방식보다 더 기분 좋을 수 있다!)	행동 6℃, 우울함 1℃

우리의 자동적 사고는 그 자체로 좋거나 나쁘지 않아요. 우리는 사실이 아니거나 유용하지 않은 자동적 사고들을 가끔 가질 뿐이에요.

유용하지 않고 사실이 아닌 생각들을 가지고 있을 때, 저는 그것들을 '감정 괴물'의 생각이라고 불러요. 저는 그 불필요한 생각을 말하면서 머릿속으로 작은 괴물을 상상하는 걸 좋아해요. 머릿속에 진짜 괴물이 있진 않다는 걸 알지만, 저는 스스로한테 말하는 것보다 '감정 괴물'한테 말하는 시늉을 하는 게 더 쉽더라고요!

 어른들을 위한 팁

'감정 괴물'은 아이들이 자기 생각을 외현화하도록 돕는 방법입니다. 아이들이 자신의 감정이 본인으로부터 분리되어 있다는 것을 알 수 있을 때, 자신의 생각과 감정을 더 정확하게 확인하고, 상황을 더 객관적으로 생각하며, 자신의 생각에 도전하거나, 취할 행동을 직접 고르는 능력이 향상됩니다. 우린 감정이 자신의 일부라고 느껴질 때에도 아이들이 그것은 단지 우리가 가진 것일 뿐이라는 걸 이해하도록 도울 수 있습니다.

감정 괴물 손가락 인형

이제 감정 괴물 손가락 인형을 만들어 볼 거예요. 감정 괴물의 생각에 어려움을 겪을 때, 손가락에 인형을 끼우고, 인형에게 생각을 말하도록 하거나, 인형과 대화하는 식으로 감정 괴물 손가락 인형을 사용할 수 있어요.

감정 괴물 손가락 인형을 만들기 위해 다음 안내를 따라 보세요.

1. '부록-감정 괴물 손가락 인형'의 직사각형에 괴물을 그리고 색칠하세요.

2. 어른의 도움을 받아, 날개를 붙인 채로 감정 괴물을 잘라 주세요.

3. 감정 괴물을 손가락에 잘 끼웠다가 뺄 수 있도록, 어른들에게 여러분의 손가락에 맞게 감정 괴물의 날개를 말아 달라고 하세요. 풀이나 접착제, 테이프로 고정하세요.

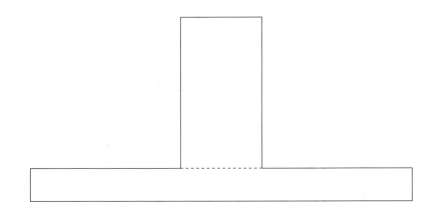

제가 비에 대해 다양한 생각과 감정을 가졌던 때를 기억하나요? 그때 제가 가지고 있던 생각 중 몇몇은 유용했고 맞는 이야기였죠. 몇몇은 유용하지도 않고 사실에 기반한 것도 아니었어요.

비를 보면서 "오, 짱이다! 비가 오네! 어제 정원에 물 주는 걸 깜빡했는데. 이제 식물이 그렇게 목마르진 않겠네!"라고 생각했을 때, 제 생각들은 유용했고 맞는 이야기였어요.

"안 돼! 비가 오잖아! 오늘 친구랑 자전거 타러 가기로 했는데. 망했다. 망했어!"라고 생각했을 때, 이건 감정 괴물의 생각이었죠. 계획이 바뀐 건 실망스럽지만, 그것들이 망했다는 걸 의미하진 않아요. 우린 빗속에서 할 수 있는 무언가를 찾을 수 있었고, 다음에 같이 자전거를 타기로 계획했죠.

"이런, 비가 오네! 지난번에 비가 왔을 때 미끄러져서 아끼던 바지를 찢어 먹었지. 이번에도 또다시 넘어지겠지?"라는 생각 또한 감정 괴물의 생각이었어요. 단지 과거에 넘어졌기 때문이라는 말이 다시 넘어질 거라는 걸 의미하지 않아요. 넘어지는 게 너무 두려워 비 오는 날에 외출하지 못하는 것 대신 단순히 밖에 나가 조금 더 조심하고, 넘어지지 않으려 노력할 수 있어요.

"아, 비가 오네. 실망이야. 오늘은 집에서 놀아야겠어."라고 생각할 때 낙심했어요. 하지만 이 생각은 감정 괴물의 생각이 아니었어요. 사실에 기반한 건강한 생각을 한다 해도 가끔 우린 불행한 감정을 느껴요. 잊지 마세요. 가끔 불행한 감정을 경험하는 것이 인간다움이에요. 감정 괴물의 도전적인 생각이 없을 때도, 불행한 감정은 우릴 지나칠 것이고, 나쁜 감정을 덜 느끼기 위해 우리가 할 수 있는 것들이 있어요.

감정 괴물의 생각을 가지는 것은 일반적이고 괜찮아요. 우린 생각을 알아차리는 방법을 배울 수 있고, 그 생각이 유용한지 아닌지를 결정할 수 있으며, 그것들이 유용하지 않을 땐 대화할 수 있어요!

☕ 어른들을 위한 팁

자동적 사고는 빠르게 왔다 갑니다. 그것들은 단어나 이미지 형태로 떠오를 수 있습니다. 사람들은 대부분 이 생각들을 가지고 있다는 것을 알아차리지 못합니다. 아이의 기분이 변했음을 느꼈을 때, "방금 무슨 생각을 하고 있었니?"라고 물음으로써 아이들이 자동적 사고를 확인하는 방법을 배우도록 도울 수 있습니다. 감정이 강렬할 땐 생각을 확인하는 것이 어려우며, 그 생각들이 유용하지 않다는 걸 인정하는 것은 더더욱 어렵습니다. 아이의 생각을 묻기 전에, 이완 활동이나 주위 환기 혹은 잠깐의 시간을 제공함으로써 마음을 차분히 가라앉히도록 돕는 것이 중요합니다.

어떤 생각을 했을까

여러분이 어떤 감정을 느끼고 나서 경험했던 때를 생각해 보세요. 어떤 일이 일어났었고, 어떤 생각을 했었는지, 그때 느꼈던 감정이 얼마나 강했는지 감정 온도계에 작성을 해 보세요.

감정	일어난 일	생각	감정 온도계
슬픔	내 친구가 농담을 했는데 모든 사람이 웃었다. 나만 그 농담을 이해하지 못했다.	나는 멍청해. 다른 사람들은 모두 농담을 이해했는데 나만 이해를 못했어.	8℃
화남			
창피함			
초조함			
좌절감			

감정 괴물로 인해 느꼈었던 나에게 도움이 되지 않는 감정들의 일반적인 유형들이 여기에 있어요. 주디스 벡(Judith Beck)의 책, 『인지행동치료(2판)』에 나오는 내용 중 일부를 참고하였어요.

흑백논리, 이분법적사고(all or nothing thinking): 모든 것을 흑과 백으로만 바라보는 것을 말해요. 이 생각은 좋거나 혹은 나쁘거나 둘 중 하나만 있어요. 둘 중 한 쪽이 아니면 안 되는 걸로 보는 것이에요.

예 이번에 성적표에서 A를 받지 못한다면 나는 실패자야.

과잉일반화(overgeneralization): 하나의 부정적인 사건을 실패가 반복되는 것으로 바라보는 것이에요. 이 일이 계속 일어날 것이라고 생각을 하고, 항상 똑같이 실패할 거라고 생각하는 거예요.

예 나는 이 수학 문제를 이해하지 못해. 앞으로도 절대 이해하지 못할 거야.

낙인찍기(labeling): 이 생각은 과잉일반화의 극단적인 형태예요. 자신의 실수에 대해 이유를 설명하려고 하기보다는 스스로를 부정적으로 바라보는 것을 말해요. 만약 누군가 여러분이 싫어하는 행동을 했다면 여러분은 그 사람에게 나쁜 사람이라는 꼬리표를 붙이겠죠. 우리가 꼬리표를 붙이거나 붙이지 않을 때, 우리는 우리가 느끼는 감정에 따라 설명을 하려고 해요.

예 나는 실패자야. 그는 한심한 사람이야.

선택적 초점화(mental filter): 부정적인 부분만을 선택해서 그 부분에만 초점을 맞추는 생각들을 말해요. 잉크 한 방울이 컵에 들어 있는 물 전체를 물들이는 것처럼 이 유형의 생각은 여러분이 세상을 바라보는 방식을 부정적으로 물들여요.

예 춤을 췄을 때 한 부분을 망쳐 버렸기 때문에 내가 췄던 춤은 형편이 없었던 거야(나머지 부분을 잘 추었음에도 불구하고).

긍정적인 것을 과소평가하기(disqualifying the positive): 긍정적인 것들을 자신에게 중요하지 않은 것들로 보는 생각이에요.

예 오늘 축구를 매우 잘했어. 그런데 이 사실이 내가 좋은 축구 선수라는 것을 의미하지는 않아. 단지 운이 좋았을 뿐이야.

독심술(mind reading): 누군가 여러분에 대해 나쁘게 생각을 한다고 추측을 하는 거예요.

🈁 점심시간에 그 여자 아이는 내 옆에 앉고 싶어 하지 않을 거야.

점쟁이 오류(the forune-teller error): 상황이 안 좋게 흘러갈 것이라고 바라보고, 마치 나쁜 일이 반드시 일어날 것이라고 느끼는 것이에요. 심지어 이로 인해 불편함을 느끼게 되더라도 나쁜 일이 일어나면 그 일을 해결할 수 없을 거라고 믿는 것이에요.

🈁 만약 친구네 집에서 잠을 잔다면 나는 아프게 될 거야. 친구네 집에서 아프게 되는 것은 끔찍한 일이야. 나는 감당할 수 없을 거야!

의미확대 또는 의미축소(magnification or minimization): 중요한 것들을 확대하거나 그것들이 작아 보이도록 축소시키는 생각을 말해요.

🈁 과제를 하는 것을 잊어버렸어. 이건 엄청 끔찍한 일이야!

부정적 감정 논리(emotional reasoning): 심지어 근거가 없음에도 불구하고 어떤 것을 사실이라고 느끼기 때문에 사실이라고 믿는 것을 말해요.

🈁 나와 같이 시간을 보내고 싶어 하는 친구들과 사람들이 있지만, 나는 내가 멋진 사람이라고 느끼지는 않아.

당위적 사고("should" and "must" statements): 자신을 포함한 모든 사람이 반드시 무엇인가를 해야만 한다는 생각을 말해요. 일들이 내가 생각한 방식으로 되지 않을 때 큰일이 났다고 생각하는 거예요.

🈁 이번 시험을 더 잘 봤어야만 해.

개인화(personalization): 어떤 부정적인 일들이 일어났을 때 심지어 다른 이유들이 있음에도 불구하고 스스로를 비난하는 생각들을 말해요.

🈁 내가 손을 들었을 때 선생님은 내가 싫어서 나를 선택해 주지 않으셨어.

고장난 레코드(broken record player thinking): 어떤 생각을 반복적으로 하는 것을 말해요. 그 생각이 사실일 수도 있지만 계속 그 생각에 집중하는 것은 도움이 되지 않아요.

예 (친구와 게임을 하고 있는 중에) 우리 가족이 나를 두고 이사를 갈 거야. 우리 가족이 나를 두고 이사를 갈 거야. 우리 가족이 나를 두고 이사를 갈 거야. 우리 가족이 나를 두고 이사를 갈 거야······.

좁은 터널 시야(tunnel vision): 어떤 상황에서 부정적인 부분만을 바라보는 것을 말해요.

예 오늘은 최악이었어. 집에서 휴식을 취했어야 해. 정말 힘든 시험이 있었고, 집에 돌아오는 길에 차가 막혀서 피아노 수업에 늦었어.

감정 괴물로 인해 느꼈던 감정에 이름 붙이기

감정 괴물로 인해 느꼈던 감정의 유형을 확인해 보세요.

생각	생각의 유형
1. 나는 그것을 좋아하지 않을 거야!	
2. 너는 너무 짓궂어.	
3. 내가 바닐라 아이스크림을 먹지 못한다면, 나는 다른 어떤 디저트도 먹고 싶지 않아.	
4. 그 여자 아이는 나와 다시는 놀기를 원치 않을 거야.	
5. 그 친구는 자기 팀에 나를 뽑았어야 했어.	

답 1. 감정 추리, 2. 낙인 찍기, 3. 흑백논리, 4. 지레짐작하기, 5. 당위적 사고

다양한 감정 괴물과 같은 생각의 예를 작성해 보세요.

생각의 종류	예시
흑백논리, 이분법적 사고	
과잉일반화	
낙인찍기	
선택적 초점화	
긍정적인 것을 과소평가하기	
독심술	
점쟁이 오류	
의미확대 또는 의미축소	
부정적 감정 논리	
당위적 사고	
개인화	
고장난 레코드	
좁은 터널 시야	

저는 매일 수천 가지 생각을 해요. 항상 머릿속을 의식하지는 않지만, 기분이 바뀌었을 때 멈추고 생각하는 법을 배웠어요. 제 생각이 도움되지 않을 때는 저에게 도움을 주었던 생각의 종류를 알아차리려고 노력해요. 저에게 도움이 되지 않는 생각들을 알아차렸던 적이 몇 번 있는데, 그 이야기를 해 드릴게요.

어느 날, 엄마가 과학 시험을 위해 공부하라고 말씀하셨다. 나는 울음을 터뜨렸고, 공부하기 싫다고 계속 말했다. 엄마는 나에게 진정하기 위해 몇 분 동안 내 방에 가 있으라고 하셨다. 엄마는 내 방에 와서 물었다. "엄마가 이제 공부할 시간이라고 했을 때 무슨 생각이 들었니?" 나는 잠시 생각하고 내 마음을 말했다. "이번 시험은 정말 어려울 것 같아요. 나는 이런 것들을 이해하지 못하고, 무슨 일이 있어도 시험에 떨어질 거예요." 내가 좀 더 차분해졌을 때, 나는 내가 감정 괴물 생각을 하고 있다는 것을 알 수 있었다. 나는 극단적 생각과 과잉일반화를 하고 있었다. 이것을 단순히 알아차리고 나니, (생각을 벗어나) 앞으로 나아가서 공부하는 데 도움이 되었다.

무슨 일이 일어났는가?	생각	감정	감정 온도계 점수 매기기
엄마가 과학 시험을 위해 공부하라고 말씀하셨다.	이번 시험은 정말 어려울 것 같아. 나는 이런 것들을 이해하지 못하고, 무슨 일이 있어도 시험에 떨어질 거야.	초초함	8
		좌절감	6
		절망	8
		불안정한 느낌	7

또 다른 때는 학교에서 화재경보기가 울렸다. 나는 갑자기 엄청나게 큰 감정을 느꼈다. 스스로에게 "내가 지금 무슨 생각을 하고 있을까?"라고 물었다. 나는 "너무 시끄러워. 난 이걸 감당할 수 없어!"라고 생각을 했다. 나는 그것이 의미확대(magnification)라는 감정 괴물이라는 것을 알아차렸다. 화재경보기가 날 엄습하는 힘을 과대평가하고 있었다. 화재경보기가 정말 시끄럽긴 하지만, 이전보다 더 다룰 수 있게 되었다. 또한 화재경보기가 곧 멈출 것을 알게 되었다. 단지 '감정 괴물 생각'을 알고 있는 것만으로도 기분이 조금 덜 나빠지는 데 도움이 됐다.

무슨 일이 일어났는가?	생각	감정	감정 온도계 점수 매기기
학교에서 화재경보기가 울렸다.	너무 시끄러워. 난 이걸 감당할 수 없어!	짜증남	9
		압도당한	8

아이가 가진 도움되지 않는 생각 유형의 패턴을 알아차리도록 노력하십시오. 자동적 사고는 어느 정도 예측이 가능합니다. 아이가 강렬한 감정을 느낄 때, 아이의 감정을 수용하고 인정한 뒤에 여러분이 예상한 아이의 생각에 도전하기 위한 무언가를 말할 수 있습니다. 예를 들어, 공부와 관련된 첫 번째 이야기에서 알렉스의 어머니는 "이 시험을 위해 공부하는 생각은 압도적이지만, 알렉스 너는 할 수 있어. 공부하는 것은 네가 이 시험에서 할 수 있는 최선을 다하도록 준비시켜 줄 거야. 네가 최선을 다하는 것만으로 충분해."라고 말할 수 있습니다.

보호자도 감정이 있기 때문에, 알렉스의 어머니는 알렉스에게 그의 행동에 대해 언성을 높이고 싶은 충동을 가졌을 가능성이 매우 높습니다. 그러나 알렉스의 감정을 수용하고 인정하며, 알렉스가 생각하고 있다고 예측한 생각에 적극적으로 도전하는 것은 알렉스가 진정하고 공부하는 것, 즉 어머니가 원하는 결과를 얻을 가능성이 더 높을 것입니다. 다른 예로, 학교에서 화재경보기가 울렸을 때 선생님은 이 일이 몇몇 아이를 자극할 수도 있다고 예상하고 "화재경보기가 울리고 있지만, 우리는 모두 괜찮아요. 우리는 빠르고, 조용하게 줄을 서서 대피하러 갈 거예요. 이 상황은 곧 끝날 거예요."라고 말할 수 있었습니다.

나의 생각을 발견하기

● ●

일주일 동안 적어도 세 번의 감정 괴물 생각을 가지고 있는 자신을 발견하도록 노력하세요. 무슨 일이 있었는지, 무슨 생각을 했는지, 어떤 감정을 느꼈는지, 그 감정이 감정 온도계에서 어느 정도인지 적습니다. 이런 '나의 생각을 발견하기' 활동은 여러분이 감정을 느끼는 그 순간 이나 나중에 그날 느꼈던 감정을 생각할 때 시도해 볼 수 있어요.

무슨 일이 일어났는가?	생각	감정	감정 온도계 점수 매기기

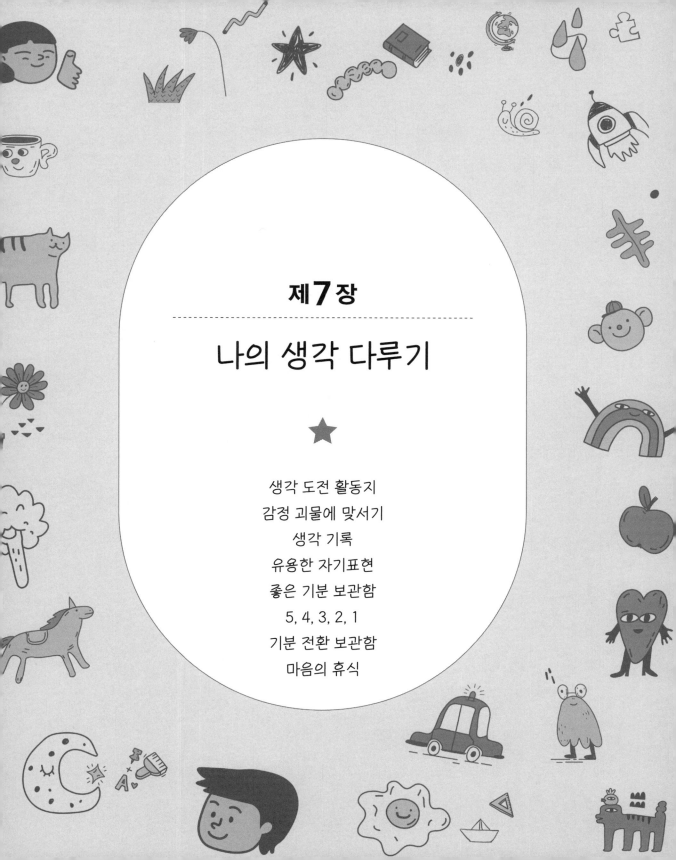

제**7**장

나의 생각 다루기

★

그동안 우리는 나의 생각을 알아차리고 그것들이 도움이 되는지 되지 않는지 결정하는 방법과 그들에게 대답하는 방법을 배웠어요. 도움이 되지 않는 생각에 대답하는 것은 감정적으로 휩쓸리는 것을 줄이고 우리가 어떻게 반응할지 다룰 수 있도록 도와줘요. 제가 여러분에게 우리의 생각에 대답하는 것에 도움을 주는 몇 가지 도구를 가르쳐 줄게요.

☕ 어른들을 위한 팁

> 당신의 아이가 그들의 생각에 도전하는 것을 돕기 전에 그들의 감정이 얼마나 강한 상태인지 평가하세요. 아이의 감정이 너무 강하면, 뇌의 집행기능(executive fuctions)은 잘 작동하지 않을 것이고 그들의 생각을 평가하는 것을 매우 어려워할 것입니다. 당신은 당신의 아이가 그들의 강렬한 감정을 진정시키고 그들의 마인드셋(mindset)이 괜찮아져 도움이 되지 않는 생각에 도전할 수 있을 때까지 진정할 수 있는 운동이나 이완할 수 있는 활동을 하도록 격려할 수 있습니다.

어느 날, 저는 스케이트보드 타는 법을 배우기로 결심했어요. 저는 몇 번 정도 시도해 보았는데 계속 넘어졌죠. 저는 "나는 아무것도 똑바로 할 수 없어. 나는 이걸 시도하지 말았어야 했어." 라고 생각했어요. 저는 정말 슬프고 자신감을 잃었습니다. 기분을 달래기 위해 제 방으로 와서 '생각 도전 활동지(Thought Challenge Worksheet)[1]'를 작성하기로 결심했어요. 생각 도전 활동지는 감정 괴물 생각을 알아차리고 도전하는 데 도움을 주는 몇 가지 질문을 했어요. 제가 작성한 활동지를 보여 드릴게요.

---

1) 이 활동지는 주디스 벡의 책 『Cognitive Behavior: Basic and Beyond』에서 인용했어요.

<생각 도전 활동지>

1. 무슨 일이 일어났지? (사실만 기술하기…… 그 일에 대한 생각과 의견은 적지 않는다)

스케이트보드 타는 법을 배우려고 시도했고 몇 번 넘어졌다.

2. 나는 그 일에 대해 무슨 생각을 했지?

"나는 아무것도 똑바로 할 수 없어. 이걸 시도하지 말았어야 했어."

3. 이 생각이 옳다는 증거가 있을까?

몇 번이나 시도했고 많이 넘어졌다.

4. 이 생각이 옳지 않을 수 있다는 증거가 있을까?

맨 처음 시도했을 때 하지 못했던 것을 포함해서 몇 번은 잘했었다.

5. 내가 어떻게 이것을 다르게 생각할 수 있을까?

아직 이것을 할 수 없지만, 내가 계속 노력한다면 가능할 수도 있다. 만약 내가 하지 못한다고 해도 나는 살아남을 것이다. 내가 잘하는 다른 많은 것이 남아 있다.

6. 일어날 수 있는 일 중에 가장 최악의 상황은 무엇일까? 그 일이 벌어진다면, 어떻게 그것을 다룰까?

누군가 내가 스케이트보드를 타지 못하는 걸 보고 나를 패배자라고 생각하는 것이다. 나는 그것을 무시할 것이고 내가 패배자가 아니라는 사실을 떠올릴 것이다. 스케이트보드를 타지 못하는 걸 가지고 누군가를 정의할 순 없다. 다른 사람들의 말로 나를 정의할 수는 없다.

7. 어떻게 하면 좋은 일로 이어질 수 일까?

스케이트보드를 잘 타야 한다.

8. 일어날 확률이 가장 높은 상황은 무엇일까?

내가 계속 노력한다면 아마도 방법을 알아낼 것이다. 만약 그렇지 못한다고 해도 다른 사람들은 그 일로 나를 판단하진 않을 것이다. 만약 그들이 그런다면 그 말들은 나보다 그들에 대해서 더 많은 것을 알려 줄 것이다.

이 활동지를 채운 뒤, 저는 슬픔과 자신감이 떨어지는 기분을 덜 느끼게 되었어요. 그날은 스케이트보드를 타는 것을 잠시 쉬었으나 다른 날 더 노력했고, 결국 저는 스케이트보드를 탈 수 있었죠. 정말 자랑스러웠어요!

생각 도전 활동지

• •

이야기를 읽은 뒤, 여러분이 주인공이라고 생각하면서 생각 도전 활동지를 채워 보세요.

나는 농구 팀에 들어가려고 생각하고 있었다. "아마도 그 팀에 들어가지 못할 거야. 만약 내가 입단 시험에서 떨어지면, 모두가 나를 비웃겠지?"라고 생각했다. 정말 자신이 없었고 아예 지원하지 말까 고민했다.

1. 무슨 일이 일어났지? (사실만 기술하기…… 그 일에 대한 생각과 의견은 적지 않는다)

_____

_____

_____

2. 나는 그 일에 대해 무슨 생각을 했지?

_____

_____

_____

3. 이 생각이 옳다는 증거가 있을까?

_____

_____

_____

4. 이 생각이 옳지 않을 수 있다는 증거가 있을까?

_____

_____

_____

5. 내가 어떻게 이것을 다르게 생각할 수 있을까?

_____

_____

_____

6. 일어날 수 있는 일 중에 가장 최악의 상황은 무엇일까? 그 일이 벌어진다면, 어떻게 그것을 다룰까?

_____

_____

_____

7. 어떻게 하면 좋은 일로 이어질 수 있을까?

_____

_____

_____

8. 일어날 확률이 가장 높은 상황은 무엇일까?

_____

_____

_____

시도해 보세요 여러분의 일상생활 속 상황을 떠올리며 생각 도전 활동지를 채워 보세요.

1. 무슨 일이 일어났지? (사실만 기술하기…… 그 일에 대한 생각과 의견은 적지 않는다)

_____

_____

_____

2. 나는 그 일에 대해 무슨 생각을 했지?

_____

_____

_____

3. 이 생각이 옳다는 증거가 있을까?

_____

_____

_____

4. 이 생각이 옳지 않을 수 있다는 증거가 있을까?

_____

_____

_____

5. 내가 어떻게 이것을 다르게 생각할 수 있을까?

_____

_____

_____

6. 일어날 수 있는 일 중에 가장 최악의 상황은 무엇일까? 그 일이 벌어진다면, 어떻게 그것을 다룰까?

_____

_____

_____

7. 어떻게 하면 좋은 일로 이어질 수 있을까?

_____

_____

_____

8. 일어날 확률이 가장 높은 상황은 무엇일까?

_____

_____

_____

이제 다음 사항을 생각해 보세요.

● 활동지를 작성하는 것이 여러분의 감정을 변화시켰나요?

_____

_____

_____

_____

_____

● 활동지를 작성하는 것이 여러분의 행동을 변화시켰나요?

_____

_____

_____

_____

_____

생각 도전 활동지는 우리가 더 건강한 사고를 할 수 있도록 도와주고, 우리의 감정이 덜 예민하게 반응할 수 있도록 조절해 줘요! 이 활동지를 이용해 본다면 어느 때나 도움을 받을 수 있을 거예요. 저는 가끔 강한 감정을 느낄 때 이 활동지를 채우곤 했어요. 이것은 제가 그 순간 느낀 사고와 감정을 조절하도록 도와주죠. 때때로 저는 경험을 통해 무언가를 배우고, 성장하고, 한 단계 더 발전했다는 강한 느낌이 들었을 때에도 이 활동지를 채우곤 해요.

생각 기록은 스스로 과거의 바람직하지 않은 생각을 알아차리고 그것을 멈추게 해 줘요. 이것은 내가 어떤 감정을 느끼는 순간이나 경험을 되돌아 보는 순간에 사용할 수 있어요. 또한 나의 사고, 감정, 그리고 반응을 조절할 수 있도록 도움을 주는 데 매우 효과적이죠.

제가 새 학교에 등교한 첫 번째 날, 뜰을 걷다가 어떤 아이들이 함께 어울려 떠들고 있는 것을 보고 "나는 여기에서 절대 친구를 만들지 못할 거야. 모든 아이가 이미 또래 무리가 형성되어 있어. 누구도 나를 끼워 주지 않을 거야."라고 생각했어요. 그래서 저는 정말 슬프고 외로운 기분이 드는 동시에 그 생각에 초조해졌어요. 그날 제가 몇 명의 친절한 아이를 만나면서 이 생각과 감정은 저 멀리 사라졌어요. 집으로 돌아왔을 때 저는 생각을 기록하기로 했답니다. 한번 보여 드릴게요.

1. 어떤 일이 일어났는가?	
새로운 학교에 다니게 되었다.	
2. 자동적 사고(선택사항: 유형 식별)	3. 감정과 감정 온도 측정
나는 이곳에서 친구를 절대 사귀지 못할 것이다. 모든 아이가 이미 또래 무리가 형성되어 있다. 누구도 나를 끼워 주려고 하지 않을 것이다. (예언자적 오류, 독심술)	- 슬픈(8℃) - 외로운(9℃)
4. 사고에 도전해 보기(생각에 도전하기)	5. 감정과 감정 온도 측정
나는 아마도 여기에서 친구를 만들 수 있을 것이다. 아이들은 서로를 잘 알고 있고 이미 친구들을 사귀었지만, 그렇다고 해서 그들이 내 친구가 될 수 없는 것은 아니다.	- 슬픈(3℃) - 외로운(5℃)

표의 1번에서 "어떤 일이 일어났는가?"는 어떤 일이 일어났는지 그 사실을 단순히 사실적으로 기술하여 다른 이들이 보아도 명확하게 알 수 있도록 해요. 이때 느꼈던 감정, 사고, 의견을 생각나는 대로 술술 적는 건 쉽죠. 예를 들어, 저는 "나만 빼고 아이들 모두가 친구와 얘기 중이야."라고 적고 싶었어요. 하지만 이것은 사실이 아니에요. 이 문장은 제가 새 학교에 등교하는 첫날, 뜰에 들어갔을 때 추측한 것이지 실제로 모든 아이가 그렇게 했는지는 직접 확인한 적이 없었기 때문이에요.

표의 2번에서 '자동적 사고'는 그때 머릿속에 떠오른 모든 생각을 말해요. 가끔 저는 표의 2번에 많은 생각을 썼어요. 한 페이지 이상이 되기도 했어요! 어떤 경우에는 특정 이미지가 자동적으로 떠오른 적이 있는데, 그때에도 역시 그것을 단어들로 묘사했어요. 방법에 제한이 있는 것은 아니며 가능한 모든 방법이 다 허용될 수 있어요! 우리의 생각은 자유롭기 때문이에요.

표의 3번인 '감정과 감정 온도 측정'에서 제가 경험한 감정을 모두 나열한 후 점수를 매겼어요. 많은 감정이 나올 수 있고, 어떤 경우에는 그 감정들끼리 충돌할 수도 있어요. 예를 들어, 저는 흥미진진하면서도 초조한 감정을 동시에 느낀 적이 있어요.

표의 4번에서 저는 생각에 도전해 보았어요. 생각에 도전하기는 도움이 되지 않는 생각으로부터 내 의식을 되돌릴 수 있게 해 줘요. 이러한 생각을 믿어 버린다면 감정에 굴복하는 것이므로 생각을 되돌리는 것은 중요해요. 생각에 도전해 보기는 그 경험으로부터 느낀 감정을 누그러뜨려 줘요. 저는 새로운 생각으로 인해 제 감정이 조금 누그러진 것을 스스로 느꼈고, 이것을 표의 5번에 새로운 감정으로 기록했어요.

어른들을 위한 팁

사고에 도전해 보기는 실제적이고 설득력 있는 방법입니다. 우리는 장밋빛 안경을 끼고 세상을 바라보거나 과도하게 긍정적인 사람이 되려고 하지만, 이러한 종류의 '사고에 도전하기'는 일시적으로 아이들의 기분이 나아지게 할 뿐 어떤 때에는 아무런 해결책이 되지 못합니다. 예를 들어, 이 경우에 "새 학교에서 모든 것이 훌륭할 거야! 너는 무척 많은 친구를 사귀게 되고 유명해질 거야!"라고 말했을 때 만약 이 말대로 모든 것이 즉각적으로 실현되지 않고 멋진 결과가 나오지도 않는다면 오히려 아이에게 실망을 불러일으키는 기제 역할(trigger)을 하게 될 수도 있습니다. 따라서 이 방법은 새로운 사회적 현장에 맞추어 이루어져야 합니다.

사고에 도전해 보기를 실천하는 것은 까다로울 수 있어요. 나의 생각에 직접 도전한다는 것은 어려운 일이니까요! 감정들은 그렇지 않은 경우에도 부정적인 생각들이 매우 옳은 것처럼 느끼게 만들기도 해요. 그래서 저는 감정 괴물이라는 존재가 부정적인 생각들을 대신 말해 준다고 상상하고, 그 괴물로부터 의식을 되돌리려고 해요. 생각에서 의식을 되돌리는 것보다는 감정 괴물로부터 의식을 되돌리는 것이 더 쉽기 때문이죠.

☕ 어른들을 위한 팁

아이에게 바람직하지 않은 생각을 확인하고 이에 도전하게끔 규칙을 정해 주는 것이 중요하고, 이때 전반적인 감정을 조절해 보도록 해 줍니다. 떠올린 생각, 느낌, 경험을 적은 연습지로 이러한 연습을 해 보는 것이 실생활에서 느낀 생각, 감정, 경험을 가지고 직접 바람직하지 않은 생각에 도전하는 것보다 더 쉬울 것입니다. 만약 아이가 지금 당장 실생활에서도 이 방법이 가능해야만 한다는 생각에 사로잡혀 있다면 실망, 죄책감, 수치심이나 아이가 감당하기 어려운 감정을 느끼게 되고, 이러한 감정들은 더욱 심화하여 조절하기 어려워질 수도 있습니다.

감정 괴물에 맞서기

● ●

다음의 시나리오를 읽어 보세요. 여러분은 감정 괴물들이 도움이 되지 않는 생각을 말하는 걸 볼 수 있을 거예요. 좀 더 현실에 기반한 건강한 사고 방식들로 말풍선을 채워 감정 괴물에 맞서는 것을 연습해 보세요.

내 친구가 재미있고 멋진 영화를 이야기해 주었어. 난 그 영화를 정말 보고 싶었어. 그런데 부모님 께서는 내가 아직 어려서 그 영화를 볼 수 없다고 하셨어.

네가 그걸 알아차리지 못했기 때문에 네 친구들은 너를 아기처럼 취급할 거야.

너는 이런 멋진 영화를 다시는 볼 수 없을 거야.

생각에 대응하는 것은 말처럼 쉽지 않아요. 다른 사람의 생각에 응답하는 것이 좀 더 쉽답니다. 왜냐하면 우리의 감정들은 설령 사실이 아니더라도 우리의 생각이 사실처럼 보이게 만들기 때문이에요. 여러분의 도움이 되지 않는 생각들에 대해 어른들과 함께 이야기하면 어른들이 그 생각들에 도전하는 것을 도와줄 수 있어요. 제가 생각에 도전하는 데 어른들의 도움이 정말 유익했던 때를 이야기해 드릴게요.

 어른들을 위한 팁

> 아이의 생각에 도전하기 전에 그 감정을 충분히 수용하고 인정해 주는 것이 중요합니다. 아이가 감정을 수용받고 인정받지 못했다고 느끼면 이는 고통의 수준을 악화시킬 수 있고 이는 생각에 도전하고 그들의 행동을 통제하도록 하는 것을 더 어렵게 합니다. 간단히 말해서, "그거 정말로 너를 힘들게 했겠다." 같은 말들이 아이들의 감정을 서서히 줄어들게 하고 건강한 방식으로 그들의 감정에 대처할 수 있는 방법들을 사용하는 것을 도울 수 있습니다. 아이들이 자신의 감정을 평가할 수 있도록 도울 때 그들의 감정에 대해 평가하는 것을 피해야 한다는 점을 꼭 기억하세요. 감정은 대개 그 감정을 형성하는 생각을 파악하면 이해가 쉽습니다. 생각들은 간혹 비합리적이고 논박이 필요할 수 있습니다. 감정은 있는 그대로의 것이며, 인정이 필요할 뿐입니다.

어느 날, 수업 중에 떠드는 저에게 선생님이 소리쳤어요. 저는 수업 중에 떠들면 안 된다는 것을 알지만, 선생님은 다른 아이들이 떠들 때는 소리를 치지 않았죠. 저는 화가 나고 상처를 받았어요. 저는 내가 이렇게 생각하고 있다는 것을 알아차렸어요. "다른 애들도 수업시간에 떠드는데 선생님은 나에게만 소리를 쳤네. 선생님은 나보다 다른 아이들을 더 좋아해." 저는 이 생각들에 도전하기 위해 노력했지만, 그것들이 사실이고 바꿀 수 없다는 것을 느꼈어요. 저의 감정은 너무 강해서 그 상황을 다른 방식으로 생각하기가 힘들었어요. 저는 집에 왔을 때 매우 짜증스러웠고 아빠는 저에게 무슨 일인지 물었어요. 아빠에게 무슨 일이 일어났고 제가 어떻게 생각했는지 말했을 때 아빠는 선생님이 소리쳐서 제가 얼마나 기분이 나빴을지 이해한다고 얘기했어요. 그러고 나서 아빠는 그 상황에서 다른 방식으로 생각하도록 도와줬답니다. 여기 우리가 같이 작성했던 생각 기록지가 있어요.

1. 어떤 일이 일어났는가?	
내가 떠드는데 선생님이 나에게 소리쳤다. 선생님은 다른 애들이 떠들 때는 소리치지 않았다.	
2. 자동적 사고(선택 사항: 유형 식별)	3. 감정과 감정온도 측정
선생님은 다른 아이들도 떠드는데 오직 나에게만 소리쳤다. 선생님은 나보다 다른 아이들을 더 좋아한다(지나친 일반화, 독심술).	– 화남(8) – 상처받음(7)
4. 사고에 도전해 보기(생각에 도전하기)	5. 감정과 감정온도 측정
선생님이 모든 아이에게 똑같이 반응했다면 좋았을 것이다. 그러나 선생님도 사람이고 그래서 그것이 선생님에겐 어려울 수 있다. 어쩌면 내가 더 방해가 되었거나 선생님이 다른 애들이 떠드는 것을 몰랐을 수도 있다. 선생님은 예전에 수업시간에 떠드는 다른 친구에게도 소리를 친 적이 있다. 교실에서 지켜야 할 규칙을 어겼다고 선생님이 나에게 소리를 친 것이 선생님이 나를 좋아하지 않는다는 의미는 아니다.	– 짜증(3) – 상처받음(1) – 이해됨(5)

아빠와 그 상황에 대해서 이야기를 나눈 것은 도움이 되었어요. 우선 아빠는 제가 이해받고 있다는 기분을 느끼게 해 주었어요. 그리고 아빠는 제가 너무 화가 나고 상처받았을 때는 혼자 생각하기 어려웠던, 이 상황을 다르게 생각하는 것을 도와주었죠. 대화를 하고 나서 저의 기분은 훨씬 나아졌고 하루하루를 계속 보낼 수 있었어요.

생각 기록

• •

다음 이야기를 읽어 보세요. 그리고 여러분이 주인공이 되었다고 상상하며 '생각 기록지'를 작성하세요.

친구들이 공원에서 만나자고 나를 초대했다. 내가 도착했을 때 친구들은 공놀이를 하고 있었다. 나는 친구들의 관심을 끌려고 했지만 그들은 그저 "안녕."이라고 말하고 계속 공놀이를 했다. 나는 "쟤네들은 나를 신경 쓰지 않는다. 오지 말았어야 했다."라고 생각했다. 정말 슬펐다.

1. 어떤 일이 일어났는가?	
2. 자동적 사고(선택 사항: 유형 식별)	**3. 감정과 감정온도 측정**
4. 사고에 도전해 보기(생각에 도전하기)	**5. 감정과 감정온도 측정**

실제 상황 중 한 가지에 대한 생각 기록지를 작성하세요. 현재 처한 상황에 대해 쓰거나, 과거에 일어났던 상황을 떠올려도 됩니다. 여러분이 현재 처한 상황에 대한 생각 기록을 사용할 때, 여러분의 생각을 알아차리고 여러분의 기분이 나빠지는 것을 알아차리는 즉시 그것들을 기록하도록 노력하세요.

1. 어떤 일이 일어났는가?	
2. 자동적 사고(선택 사항: 유형 식별)	3. 감정과 감정온도 측정
4. 사고에 도전해 보기(생각에 도전하기)	5. 감정과 감정온도 측정

• 생각 기록지를 작성하는 것이 당신의 행동을 바꾸었나요?

_____

_____

_____

_____

_____

생각 기록들을 작성하는 연습을 많이 할수록, 제 감정을 다루기 위해 생각 기록들을 사용하는 것을 더 잘하게 되었어요. 많은 생각 기록을 한 후, 도움이 되지 않는 동일한 생각들을 계속해서 가지고 있다는 것을 알아차리기 시작했답니다. 저는 이것을 '반복되는 방해 생각'이라고 불러요. 반복되는 방해 생각을 알아차릴 때 저는 논박(지금 생각에 도전하기)을 떠올려요. 이것을 '유용한 자기표현'이라고 할 수 있어요. 저는 정기적으로 '유용한 자기표현'에 대해 생각할 수 있는 여러 가지 방법을 찾아서 뇌를 훈련시키고, 반복되는 방해 생각을 대체할 수 있도록 해요.

최근에, 제가 많은 다른 것에 대해 '나는 절대 그것을 할 수 없을 것이다'라고 생각하고 있다는 것을 깨달았어요. 숙제가 힘들 때, 기타로 신곡을 배울 때, 아주 지저분한 제 침실을 청소하라고 했을 때 그렇게 생각했어요. '나는 절대 그것을 할 수 없을 것이다'는 반복적인 방해 생각이었어요! 이에 대한 도전적인 생각으로, '나는 최선을 다할 수 있고, 할 수 있는 최선을 다할 수 있고, 그것으로 충분해'라고 떠올렸어요. 저는 '유용한 자기표현'을 연습장에 적어서 꾸민 뒤 침실에 걸었어요. 학교에 갈 때 계속 가지고 다니는 노트에도 적었답니다. 매일 아침, 잠자기 전, 매일 밤 거울에 비친 나를 보며 "내가 할 수 있는 최선을 다하면 그만이야."라고 말했어요. 때때로 '나는 절대 그것을 할 수 없을 것이다'라는 생각은 멈추지 않았지만, 그럴 때마다 '유용한 자기표현'을 기억해요. 이것은 제가 생각, 감정, 반응을 더 자주 그리고 더 빨리 통제할 수 있도록 도와줘요.

유용한 자기표현

부록에는 사람들이 가지고 있는 도움이 되지 않는 지금의 생각에 도전하는 '유용한 자기표현' 이 있어요. 도움이 되는 각각의 자기표현을 꾸미고 이 책에서 오려 내세요. 어떤 생각이 여러분에게 도움이 되는지 결정하세요. 여러분은 매일 그것들을 읽을 수 있어요. 그것들을 정기적으로 볼 수 있는 어딘가에 둘 수 있어요. 각각의 모서리에 구멍을 뚫어서 책처럼 엮을 수도 있고요. 여러분을 자극하는 일이 벌어질 때, 그것들을 주머니에 넣어 두면 상기시켜 주는 역할을 할 수도 있죠. 커다란 감정을 가지고 있을 때 마음을 진정시키는 것을 돕기 위해 그것들을 볼 수도 있어요. 이러한 도움이 되는 자기표현이 여러분의 생각, 감정, 반응을 통제하는 것을 돕기 위해 사용될 수 있는 많은 방법이 있답니다!

〈유용한 자기표현〉

이 감정도 지나갈 거야. 스트레스도 지나갈 거야. 난 괜찮을 거야.	지금은 이 감정이 크게 느껴지지만 괜찮아.
난 이겨낼 수 있어.	난 견뎌낼 수 있어.
심호흡하자.	난 강인한 사람이야.
내가 느끼는 감정은 이상한 게 아니야.	실패는 성공의 어머니야.
완벽할 필요 없어.	나는 좋은 선택을 할 수 있어.
내가 다른 사람의 행동을 통제할 수는 없지만 내가 그 행동을 어떻게 생각하고 행동할지는 결정할 수 있어.	감정이 크게 느껴질 때도 평정을 잃지 않을 수 있어.

시도해 보세요 내가 했던 생각들 중 도움이 되지 않는 생각들을 떠올려 보세요. 여러 번 등장한 생각들이 있나요? 이전의 생각 기록지를 살펴보고 서로 비슷해 보이는 생각들을 찾아볼 수도 있어요. 반복되는 생각들을 반박하기 위해 유용한 자기표현을 떠올려 보세요. 부록에 제시된 상자에 적어 넣고, 꾸민 다음 오려 보세요.

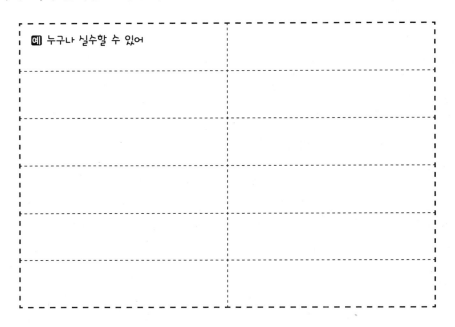

예 누구나 실수할 수 있어

가끔은 자신을 속상하게 하는 유용하지 않은 생각들을 하기도 해요. 실수를 할 때면 "정말 바보 같아!"라고 생각하기도 하지만 누구나 실수할 수 있는 걸요! 실수한다고 해서 바보 같은 사람이 되는 건 아니에요. 스스로를 다른 아이들과 비교할 때면 "난 정말 못났어!"라고 생각하지만 실제로는 못난 사람이 아니에요. 다른 아이들은 자기만의 멋진 부분이 있는 거고, 저에게도 저만의 멋진 부분이 있는 거니까요. 이런 생각들은 도움이 되지 않는 감정 괴물 생각들이고 실제와는 달라요. 도움이 되지 않는 감정 괴물 생각을 반박하기 위한 활동을 해 봐요!

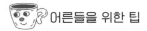어른들을 위한 팁

아이의 장점을 언급할 때는 구체적이고 진솔해야 아이의 자존감에 유의미한 영향을 줄 수 있습니다.

좋은 기분 보관함

'좋은 기분 보관함'은 우리의 긍정적인 측면과 장점을 되새겨 주는 것들을 모아놓는 곳이에요. 누구나 아주 멋진 점이 있답니다. 가끔은 도움이 되지 않는 감정 괴물 생각이 우리의 장점을 떠올리는 것을 힘들게 하죠. '좋은 기분 보관함'을 만들어 살펴보는 건 이런 부정적인 생각을 이겨낼 수 있게 해 줘요.

준비물

- 무엇이든 담을 수 있는 폴더나 봉투
- 메모지
- 가위
- 펜

설명서

1. '좋은 기분 보관함'으로 사용할 폴더나 봉투를 꾸며요.

2. 부록에 있는 '좋은 기분 보관함' 활동지를 완성해요. 먼저, '내가 좋아하는 나의 모습'을 적고 잘라서 '좋은 기분 보관함' 안에 넣어요.

3. 다음으로 '좋은 기분 메모'를 오리세요. 세 명의 사람에게 나에 대해 적어 달라고 하세요. 누구든지 좋아요. 가족, 선생님, 친구, 코치 또는 나를 기분 좋게 하는 어떤 사람이든 괜찮아요. 완성된 '좋은 기분 메모'들을 '좋은 기분 보관함' 안에 넣어요.

4. 스스로가 만족스러웠던 때를 떠올려 봐요. 내가 이뤄낸 성취나 사람들이 나에게 해 준 말처럼 나의 재능을 인정하고 고마워했던 순간일 수도 있고, 나를 기분 좋게 했던 어떤 순간이든 좋아요. 메모지에 그런 순간들을 적어 보세요. 그리고 메모지를 '좋은 기분 보관함' 안에 넣어요.

5. 스스로의 장점과 성취를 떠올리게 해 주는 물건들을 모아 보세요. 그리고 '좋은 기분 보관함' 안에 넣어요. 내가 받은 편지나 사진, 쪽지처럼 긍정적인 대화나 경험 떠올리게 해 주는 것들, 혹은 나를 자랑스럽고 기분 좋게 하는 무엇이든 좋아요.

6. 언제든지, 특히 나를 슬프게 하는 도움이 되지 않는 감정 괴물 생각과 싸워야 할 때, '좋은 기분 보관함'을 살펴보세요!

내가 좋아하는 나의 모습:

_____

_____

_____

_____

_____

_____

- -

_____(메모를 작성하는 사람의 이름) _____가 주는 좋은 기분 메모

_____(좋은 기분 보관함 주인의 이름) _____를 생각할 때면,

다음의 다섯 가지 장점이 떠올라요:

1. _____

2. _____

3. _____

4. _____

5. _____

많은 도움이 되지 않는 감정 괴물 생각은 실제로 그 순간에 무슨 일이 일어나고 있는지에 대한 것이 아니에요. 가끔 어떤 일이 일어났을 때, 그것은 과거에 일어났던 일이나 미래에 일어날지도 모른다고 생각하는 일들에 대한 생각과 감정을 갖게 해요. 사람들은 그 순간에 충분히 대처할 수 있어요. 과거에 대한 감정과 동시에 결코 일어나지 않을지도 모르는 것에 대한 감정을 느끼는 것은 너무 지나쳐요! 제가 이러한 생각을 가지고 있었을 때와 그것들을 통제했던 방법에 대해 말해 드릴게요.

우리 반이 현장체험학습을 가는 중이었는데, 버스를 오래 타는 것이 너무 불안했어요. 버스에 탔을 때 덥고, 시끄럽고, 불편했어요. "버스에서 아프면 어떡하지?"라는 생각도 들었어요. 저는 점점 아픈 상상을 했고 정말 그런 것 같은 느낌이 들었어요. 그러다 버스에서 아팠던 과거가 생각났어요. 저는 그 기억에 대한 감정을 느끼기 시작했어요. 저는 가능한 미래와 과거에 대한 감정을 가지고 있었는데, 그것은 저의 불안을 더욱 강하게 만들었고 그 순간을 다루기 어렵게 만들었어요. 저는 깊게 심호흡을 했고 '5, 4, 3, 2, 1' 활동을 하며 제 마음을 그 순간으로 가져왔어요.

- 볼 수 있는 다섯 가지를 확인했어요.

  ① 친구   ② 버스 기사님

  ③ 선생님   ④ 운동화

  ⑤ 앞자리

- 만질 수 있는 네 가지를 확인하고 만졌어요.

  ① 가방   ② 앞자리

  ③ 주머니에 있는 피젯 스피너(fidget spinner)   ④ 물병

- 들을 수 있는 세 가지를 확인했어요.

  ① 친구들의 대화   ② 도로에 있는 다른 차들의 소리

  ③ 버스 에어컨

- 맡을 수 있는 냄새 두 가지를 확인하고 냄새를 맡았어요.

  ① 셔츠   ② 손 세정제

• 입에서 어떤 맛이 나는지 알아차렸어요.

'5, 4, 3, 2, 1' 활동은 과거와 미래를 생각하는 대신 제 생각을 바로 그 순간으로 가져오는 데 도움이 되었어요. 저는 지금 괜찮다는 걸 깨닫고 불안감을 덜 느꼈어요.

5, 4, 3, 2, 1

때때로 도움이 되지 않는 감정 괴물 생각은 우리가 과거에 일어났던 일들, 미래에 일어날 것이라고 생각하는 일들, 미래에 일어날 것 같지만 그럴 것이라는 증거가 없는 일들에 대해 감정을 느끼도록 해요. 이때 우리는 실제로 일어나지 않은 것들에 대한 감정을 느끼는 데 많은 에너지를 소비하게 되고 이것은 우리의 감정을 더 강하고 통제하기 어렵게 만들어요. '5, 4, 3, 2, 1' 활동은 우리의 생각을 그 순간에 일어나고 있는 일로 가져오는 데 도움을 줄 수 있어요.

차분할 때 이 활동을 하세요. 이것은 재미있고, 미래에 도움이 되지 않는 생각들을 통제하기 위해 활용할 수 있도록 도와줄 수 있어요. 여러분을 현재 실제로 일어나지 않는 일에 감정을 느끼게 하는 도움이 되지 않는 감정 괴물 생각들을 통제하는 데 이 활동을 활용해 보세요.

5. 볼 수 있는 다섯 가지를 확인하세요.

4. 만질 수 있는 네 가지를 확인하세요. 실제로 만져 보세요.

3. 들을 수 있는 세 가지를 확인하세요(생각이 아닌 머리 바깥에서 들리는 소리를 들어 보세요!).

2. 맡을 수 있는 냄새 두 가지를 확인하세요. 실제로 그 냄새를 맡아 보세요.

1. 입에서 어떤 맛이 나는지 알아차려 보세요.

때때로 나를 기분 나쁘게 만드는 생각을 멈추기란 어려워요. 예를 들어, 시험을 잘 못 봤을 때 '나는 시험을 망쳤어.'라고 계속해서 생각해요. 그것은 사실이었지만 반복해서 생각하는 것은 도움이 되지 않았어요. 이런 계속되는 생각들은 하루 종일 학교에서 집중하기 어렵게 만들었고, 무엇이든 즐길 수 있는 제 능력을 방해했고, 잠드는 것을 어렵게 만들었어요. 결국 이런 생각을 반복하는 것은 도움이 되지 않는다는 것을 깨달았고 제 기분 전환 보관함을 살펴보면서 통제할 수 있었어요. 이것은 제가 생각을 바꿔서 기분을 전환하도록 했고, 앞으로 나아갈 수 있도록 도와주었어요.

기분 전환 보관함

. . . .

무언가를 생각하는 것을 멈추기 어려울 때, 그것은 우리를 더 속상하고 스트레스를 받게 만들 수 있어요. 어떤 생각이 사실일지라도, 항상 그것에 대해 생각하는 것은 도움이 되지 않아요!

그것은 우리가 제대로 되고 있는 것들을 즐길 수 있는 능력을 방해해요. 즉각적인 '기분 전환 보관함'은 여러분을 행복하고 편안하게 만드는 이미지를 보관하는 곳이에요. 도움이 되지 않는 자동적인 생각을 멈추고 싶을 때 즉각적인 '기분 전환 보관함'을 살펴볼 수 있어요.

준비물

- 마분지로 만든 봉투(또는 여러분이 물건들을 보관할 수 있는 폴더)
- '기분 전환 보관함'에 넣을 수 있는 여러분을 기분 좋게 하는 어떤 것이든! 다음은 몇 가지 아이디어예요.
  - ○ 좋아하는 추억, 사랑하는 사람 또는 장소의 사진들
  - ○ 좋아하는 동물, 자연, 예술, 스포츠와 같이 잡지에서 오려낸 사진들
  - ○ 메모해 놓은 좋아하는 노래의 가사, 인용문, 시

방법

1. 여러분의 '기분 전환 보관함'을 꾸미세요.
2. 여러분이 생각할 수 있는 만큼 여러분에게 즐거움을 주는 많은 것으로 그것을 채우세요!
3. 여러분이 원할 때마다 여러분의 '기분 전환 보관함'을 살펴보세요. 특히 여러분의 삶에서 지금-여기를 경험하는 데 방해가 되는 도움이 되지 않는 감정 괴물 생각을 물리치는 것을 돕기 위해서요!

때때로 우리의 생각과 감정에서 떨어져 단순히 휴식을 취하는 것이 도움이 됩니다. 이 워크북에서 앞서 배운 이완 활동들은 우리가 스트레스를 받는 생각, 감정, 상황에 집중하는 것으로부터 휴식을 취하도록 도울 수 있어요. 이런 순간에서 긴장을 푸는 데 도움이 되는 우리의 생각을 실제로 활용하는 방법을 배워 봅시다!

마음의 휴식

●●●

  우리의 생각을 잠시 쉬는 것이 때때로 도움이 돼요. 마음의 휴식을 갖는 것은 우리의 생각과 감정을 진정시키는 데 도움을 줄 수 있어요.

  일어나 앉거나 누워서 편안한 자세를 찾으세요. 눈을 감아 보세요. 코로 숨을 들이마시고 입으로 숨을 내쉬며 깊고 편안하게 숨을 쉬어 보세요. 숨을 쉴 때마다 배가 부풀어 오르고 가라 앉는지 확인하세요. 여러분의 몸과 호흡이 편안해지면 여러분을 차분하고 편안하게 해 주는, 실제로 가 봤던 장소를 생각해 보세요. 어디든지 될 수 있어요. 해변, 공원 벤치, 침실, 단골 가게…… 어디든지! 장소를 가능한 한 자세히 상상해 보세요. 무엇이 보이나요? 어떤 냄새가 나나요? 무엇이 들리나요? 무슨 맛이 느껴지나요? 분위기는 어떤가요? 또 무엇이 느껴지나요? 이 편안한 장소에서 여러분이 즐기고 있는 일을 가능한 한 자세히 상상해 보세요. 여러분의 특별한 장소로 마음의 휴가를 떠날 때 계속해서 천천히 그리고 깊게 숨을 쉬세요. 여러분이 원할 때 언제든 마음속의 이곳으로 다시 돌아올 수 있고, 이것은 여러분이 차분함과 편안함을 느끼도록 도울 수 있다는 것을 기억하세요. 준비가 되면, 여러분의 의식을 그 순간으로 돌려놓으세요. 여러분이 앉아 있거나 누워 있는 몸 안의 느낌에 주목하세요. 손가락과 발가락을 움직여 보세요. 눈을 뜨고 마음의 휴식에서 돌아와 여러분의 의식을 이 순간으로 돌려놓으세요.

  여러분이 좀 더 차분해지고 평정심을 찾으면, 여러분의 감정을 불러일으킨 상황에 어떻게 대처하고 싶은지 선택할 수 있어요.

  감정 괴물 생각을 알아차리고 도전하는 방법을 배우는 것은 어떤 감정과 상황이 오더라도 평정심을 유지하고 대처할 수 있는 힘을 준답니다!

제 8 장

나의 충동들

★

나의 충동들
나의 선택이 어떤 결과를 만들까
선택이 현재와 미래에 일으키는 것

제가 감정 발사 버튼을 누르고 싶을 때마다, 감정을 느낄 때마다 저는 무엇인가 하고 싶은 충동을 느껴요. 충동은 우리가 하고 싶은 '무언가'예요.

- 눈이 많이 와서 학교를 쉰다는 이야기를 들었을 때, 나는 기뻤고 웃고 싶은 충동을 느꼈다.
- 열심히 준비했던 대회에서 졌을 때, 나는 슬펐고 울고 싶은 충동을 느꼈다.
- 멋진 롤러코스터를 타려고 했을 때, 나는 신이 났고 함성을 지르고 싶은 충동을 느꼈다.
- 제일 좋아하는 셔츠에 여동생이 주스를 쏟았을 때, 나는 화가 났고 소리를 지르고 싶은 충동을 느꼈다.
- 내 방에서 거대한 거미를 보았을 때, 나는 무서웠고 내 방에 들어가고 싶지 않은 충동을 느꼈다.

나의 충동들

각 감정을 느낄 때 어떤 충동을 느끼나요? 여러분이 생각할 수 있는 만큼 많은 충동을 적어 보세요. 각각 감정을 경험할 때 자주 느끼는 충동에 동그라미를 하세요.

감정	충동
기쁜	
신이 난	
자랑스러운	
긴장되는	
화가 난	
슬픈	
당황스러운	

저는 충동에 따라 행동해야 한다고 느끼곤 했지만, 저는 제 행동을 선택할 힘이 있다는 것을 배우게 되었어요. 저는 선택만 하면 되고, 제가 하는 모든 선택은 무슨 일이 일어나도록 해요. 제가 보통 생각을 하지 않는 아주 작은 일도 선택이에요.

무릎이 가려웠을 때, 저는 무릎을 긁는 선택을 했어요. 그건 가려움이 사라지도록 만들었죠.

토요일 아침에 일찍 일어났을 때, 저는 만화책을 읽기로 했어요. 그건 저를 행복하고 편안한 기분이 들도록 해 주었어요.

달리기를 한 뒤 실내로 들어왔을 때, 저는 물을 마시기로 선택했어요. 그것은 재충전된 기분을 느끼게 했어요.

어른들을 위한 팁

아이가 선택하는 과정에서 좋은 선택지를 짚어 줌으로써 아이가 좋은 선택을 할 수 있는 능력에 대한 인식을 높일 수 있도록 도와주십시오. 예를 들어, "나는 네 일이 어려워졌을 때 도움을 구하는 선택을 한 게 좋았단다." "너는 아이스크림이 더 없다는 것에 실망했지만 그 일을 넘기고 대신 쿠키를 먹는 것을 선택했구나." 라고 말할 수 있습니다. 추가적으로, 당신과 아이를 위해 매일 아이가 만든 긍정적인 선택지를 하나라도 확인하는 습관을 만들 수 있습니다. 어떤 가족은 잠자리에 들기 전이나 저녁 시간에 하는 것을 즐깁니다. 이것은 좋은 선택을 할 수 있는 능력을 지지할 아이의 자신감과 자각을 발달시키도록 도와줄 것입니다.

나의 선택이 어떤 결과를 만들까

'선택' 항목들을 읽고 그 선택으로 인해 일어날 수 있는 일을 적어 보세요.

선택	일어날 수 있는 일
예 이를 닦기	• 입에서 좋은 냄새가 난다. • 치아에 구멍이 덜 생길 것이다.
친구에게 칭찬하기	
실수를 한 뒤 "미안해."라고 말하기	
공원에서 쓰레기를 줍기	
실수한 반 친구를 비웃기	
무언가가 어려워질 때 포기하기	

시도해 보세요 지난주에 했던 선택들과 그것이 일으킨 일을 생각해 보세요. 그것을 표에 적어 보세요.

선택	일어날 수 있는 일

내 충동에 따라 행동하면 그 순간에는 기분이 좋아지기도 하지만, 나중에 기분이 더 나빠지는 일을 일으키기도 해요. 지금 이 순간에 나를 기분 좋게 만드는 것을 즉각적인 만족이라고 해요. 나중에 기분 좋게 하는 것은 지연된 만족이라고 한답니다. 내 선택이 지금 어떤 결과를 가져올지, 내 선택이 나중에 어떤 결과를 가져올지 생각해 본 후 나의 행동을 선택하는 것이 도움이 돼요.

> 어느 날 밤, 부모님은 제가 다음날 학교에 가기 위해서는 일찍 일어나야 하기 때문에 잠자리에 들 시간이라고 말씀하셨지만, 저는 그러고 싶지 않았어요. 저는 침실에서 몰래 손전등을 켜고 밤새 이불 속에서 책을 읽었어요. 그 책이 정말 마음에 들었고, 몰래 밤을 새우는 것이 짜릿했어요. 다음날, 이 선택을 후회했어요. 저는 하루 종일 피곤하고 기분이 나빴어요. 사소한 일에도 짜증이 났어요. 하루 종일 집중하는 것이 정말 어려웠고 특히 수학 시험을 볼 때 스트레스를 받았어요. 저는 수학 시험을 제가 할 수 있는 만큼 잘 보지 못했어요. 제가 밤을 새우는 선택을 한 것은 그것이 그 순간에 즐거운 일이었기 때문이었어요.

이것은 즉각적인 만족의 예시예요. 이 선택이 초래한 부정적인 일은 결국 밤을 새면서 경험한 긍정적인 감정보다 더 오래 지속되는 방식으로 저를 기분 나쁘게 만들었어요.

선택	그 순간에 일어난 일	나중에 일어난 일
밤새도록 이불 속에서 몰래 책 읽기	- 즐거웠다. - 신이 났다. - 그 책이 재밌었다.	- 피곤했다. - 짜증 났다. - 집중하기 어려웠다. - 수학 시험을 잘 못 봤다.

선택이 현재와 미래에 일으키는 것

• •

'감정 발사 버튼'과 '선택' 항목들을 보고, 표를 완성해 보세요. 선택이 일으키는 더 큰 차이를 만들고 더 오래 지속되는 일에 동그라미를 치세요.

감정 발사 버튼: 수업 시간이 지루하다.

선택	그 순간에 일어날 수 있는 일	나중에 일어날 수 있는 일
친구한테 쪽지를 써서 준다.		

감정 발사 버튼: 미술 시간에 파란색 마커를 쓰고 싶은데, 다른 학생들이 모두 사용하고 있다.

선택	그 순간에 일어날 수 있는 일	나중에 일어날 수 있는 일
내가 파란색 마커를 사용할 차례를 기다리는 동안 초록색 마커를 사용한다.		

시도해 보세요 여러분이 이번 주에 한 선택 세 가지를 생각해 보세요. 감정 발사 버튼과 선택과 각 선택으로 그 순간에 어떤 일이 일어났고, 더 나중에는 어떤 일이 일어났는지 적어 보세요. 선택이 일으킨 더 큰 차이를 만들고 더 오래 지속된 일에 동그라미를 치세요.

예 감정 발사 버튼: _____
_____

선택	그 순간에 일어난 일	나중에 일어난 일

예 감정 발사 버튼: _____
_____

선택	그 순간에 일어난 일	나중에 일어난 일

예 감정 발사 버튼: _____
_____

선택	그 순간에 일어난 일	나중에 일어난 일

때때로 내 충동에 따라 행동해야 하는 것처럼 느껴질 때가 있지만, 감정과 충동을 지니면서도 그것에 따라 행동하지 않는 것을 선택할 수도 있어요. 충동을 갖고 통제력을 유지하는 방법에 대해서는 나중에 자세히 알아볼게요. 배고프거나, 화가 나거나, 외롭거나, 피곤할 때마다 감정은 더 강해지고 충동을 조절하기 더 어려워져요. 이렇게 배고프거나, 화가 나거나, 외롭거나, 피곤할 때 '그만'이라고 말할 수 있어요.[1] 제 감정이 점점 강해지는 것을 알아차리기 시작할 때, 저는 항상 그만하는 것을 기억해요! 그런 다음 제 스스로에게 질문해요.

- 내가 배고픈가?
- 내가 화났나?
- 내가 외로운가?
- 내가 피곤한가?

이 중 하나의 감정이라도 느끼고 있다는 걸 알아차리면, 저는 제 행동을 선택하기 전에 그 감정을 해결하려고 노력해요.

- 배가 고프다면, 무언가를 먹자.
- 화가 났다면, 이완 활동을 하거나 다른 사람에게 내 감정에 대해 이야기하는 것과 같이 감정을 다루기 위한 일을 하자.
- 외롭다면, 다른 사람과 시간을 보내자.
- 피곤하다면, 잠을 자자.

우리 가족은 어느 날 밤 함께 영화를 보기로 계획했지만, 엄마가 몇 가지 일을 먼저 끝내야 했어요. 마치 엄마가 영원히 일하는 것처럼 느껴졌죠. 저는 정말 조바심과 좌절감을 느끼기 시작했어요. 감정이 강해지는 것을 알아차렸을 때, 저는 그만했어요. 스스로에게 물었어요. "내가 배고픈가? 내가 화났나? 내가 외로운가? 내가 피곤한가?" 저는 제가 배고픔과 외로움을 동시에 느끼고 있다는 것을 알아차렸어요. 저는 모든 사람이 영화 볼 준비가 되기를 기다리는 동안 간식을 먹고 여동생과 놀았답니다. 스스로 배가 고프고 외롭다는 사실을 알아차리고 뭔가를

---

1) 역자 주: 'HALT can also stand for Hungry, Angry, Lonely, and Tired.'라는 문장을 의역하기로 함.

한 것은 조바심과 좌절감이라는 감정을 조금 덜 강하게 하고 다루기 쉽게 만드는 데 도움이 되었어요.

 어른들을 위한 팁

> 여러분의 아이가 충분히 물을 마시고 단백질, 지방 그리고 특히 탄수화물의 균형 잡힌 식단을 섭취하여 감정을 조절하는 데 필요한 영양소와 에너지를 두뇌에 공급하도록 하십시오. 또한 6세에서 12세 사이의 어린이들에게는 24시간마다 9시간에서 12시간의 수면이 권장됩니다. 아이의 생리적 욕구가 충족되는 것은 아이의 기분에 긍정적 영향을 미치며, 감정을 조절하는 능력에도 영향을 줍니다.

때때로 우리는 배가 고프거나, 화가 나거나, 외롭거나, 피곤하지만 그 순간에 문제를 해결할 능력이 없다는 것을 알아차릴 수 있어요. 그럴 때 우리의 감정과 충동이 극도로 강해질 수 있다는 것을 명심하는 것이 도움이 돼요. 배꼽 호흡과 같은 이완 활동을 사용하는 것은 멈추는 능력을 가질 수 있을 때까지 침착하고 자제하는 데 도움이 될 수 있어요.

우리의 충동과 그것을 더 강하게 만들 수 있는 것들을 인식하는 것은 우리가 충동을 조절하는 데 도움이 된답니다!

제 9 장

나의 행동 통제하기

⭐

멈추기, 생각하기, 행동하기
문제에 직면했을 때의 네 가지 선택지
내가 원하는 대로 나의 행동을 선택하기
선택지 우선순위 평가
감정 발사 버튼에 대한 대처 방안

행동을 통제하는 법을 배우기 전에, 저는 종종 문제를 더 악화시키고 때로는 새로운 문제를 만드는 방식으로 스트레스를 받는 상황에서 힘들어했어요.

어느 날, 수업시간에 제 뒤에 앉아 있던 아이가 책상에 연필을 반복적으로 두드리고 있었어요. 저는 너무 짜증이 나는 바람에 돌아서서 그 아이에게 소리쳤어요. 짜증이 날 때 고함을 지르고 싶은 충동이 있었다는 것은 말이 되지만, 그런 선택을 한 것은 저에게 좋지 않았어요. 결국 혼났고 이것은 제 기분을 더 나쁘게 만들었어요.

다른 날 이런 일이 다시 일어났을 때, 저는 여전히 짜증이 났고 그 아이에게 소리치고 싶은 충동이 있었지만, 진정하기 위해 심호흡을 하고 돌아서서 책상을 두드리지 말아 달라고 정중히 부탁하는 선택을 했어요. 이것은 그 아이가 사과를 하고 두드리는 것을 그만두게 만들었어요. 문제는 해결되었고, 기분이 훨씬 나아졌죠.

감정 발사 버튼을 직면할 때마다 저는 다음과 같이 할 수 있어요. ① 멈추기: 감정을 진정시키고 행동 발사 버튼, 내 생각, 내 감정을 식별하기 위해 무언가를 하기, ② 생각하기: 그것에 대처하기 위해 내가 할 수 있는 다른 선택들을 식별하기, ③ 행동하기: 각각의 선택이 무엇을 야기시킬 것 같은지 확인하고, 내 행동을 선택하기!

'멈추기, 생각하기, 행동하기' 표는 현재 감정 발사 버튼(트리거)을 처리할 때 저의 행동을 선택하는 데 도움이 되는 도구예요. 또한 저는 감정 발사 버튼(트리거)에 대해 후회하는 방식으로 반응한 후에 '멈추기, 생각하기, 행동하기' 표를 작성하는 것을 좋아해요. 이것은 제가 실수로부터 배우고 성장하도록 도와줘요. '멈추기, 생각하기, 행동하기' 표를 작성하는 것은 뇌가 이러한 단계를 통해 생각하고 나중에 감정 발사 버튼(트리거)을 처리할 때 통제력을 유지하도록 훈련시키는 데 도움이 돼요. 제가 '멈추기, 생각하기, 행동하기' 표를 사용한 때에 대해 말해 줄게요.

저는 꽃병을 깨뜨리고 "나는 너무 덤벙대! 크게 혼나게 될 거야."하고 생각했어요. 저는 당황스러움, 죄책감, 초조함을 느꼈어요. 저는 그것을 여동생 탓으로 돌리고 싶은 충동이 있었어요. 저는 충동에 따라 행동하는 것 대신, 제가 행동을 선택하는 것을 돕기 위해 '멈추기, 생각하기,

'행동하기' 표를 채우기로 결심했어요. 다음은 제가 작성한 표예요.

멈추기	생각하기	행동하기
– 무슨 일이 일어나고 있지? – 내가 무슨 생각을 하고 있지? – 내 기분은 어떻지?	이 상황에서 내가 할 수 있는 세 가지 다른 선택지는 무엇이 있을까?	각 선택으로 인해 일어날 수 있는 일은 무엇일까? 그러면 나는 어떤 감정이 들까? 나에게 가장 좋은 선택지에 동그라미를 그려 보자.
나는 꽃병을 깼다. 생각: "나는 너무 덤벙대! 크게 혼나게 될 거야!" 감정: 당황스러움(8), 죄책감(8), 초조함(8)	1. 여동생한테 미룬다. 2. 나는 그것을 숨길 수 있고 부모님이 알아채지 못하셨으면 좋겠다. 3. 부모님께 말씀드리고 실수로 깬 것에 대해 사과할 수 있다.	1. 여동생이 하지 않은 일로 혼날 수도 있다. 나는 죄책감을 더 많이 느낄 것 같다. 동생은 나한테 화낼 수도 있고 더 큰 문제에 휘말릴 수도 있다. 2. 나는 그 일을 빠져나갈 수 있다. 나는 여전히 부모님께서 그것을 찾을까 봐 죄책감과 초조함을 느낄 것이다. 나는 결국 들키고 더 크게 혼날 것이다. 3. 부모님은 아마 나를 용서할 것이다.

'멈추기, 생각하기, 행동하기' 표를 작성하는 것은 제가 부모님께 말하고 실수로 꽃병을 깨뜨린 것에 대해 사과하기로 선택하는 데 도움이 되었어요. 비록 부모님은 조금 화가 나셨고 거실에서 공을 가지고 놀았다고 저를 꾸짖었지만, 용서해 주었답니다. 부모님은 제가 무슨 일이 있었는지 말해 준 것에 대해 자랑스러움을 느끼셨고, 저도 제 자신이 자랑스러웠어요.

멈추기, 생각하기, 행동하기

이야기를 읽고 '멈추기, 생각하기, 행동하기' 표를 완성하세요.

1. 비가 온다. 나는 집에 와서 내가 침실 창문을 열어 둔 것을 깨달았다. 지금 내 책상과 책은 온통 물로 젖어 있다.

멈추기	생각하기	행동하기
- 무슨 일이 일어나고 있지? - 내가 무슨 생각을 하고 있지? - 내 기분은 어떻지?	이 상황에서 내가 할 수 있는 세 가지 다른 선택지는 무엇이 있을까?	각 선택으로 인해 일어날 수 있는 일은 무엇일까? 그러면 나는 어떤 감정이 들까? 나에게 가장 좋은 선택지에 동그라미를 그려 보자.

2. 동생이 설거지를 할 차례인데 설거지를 하기 전에 나가 버렸다. 엄마는 나한테 그냥 네가 설거지를 하라고 말씀하신다.

멈추기	생각하기	행동하기
- 무슨 일이 일어나고 있지? - 내가 무슨 생각을 하고 있지? - 내 기분은 어떻지?	이 상황에서 내가 할 수 있는 세 가지 다른 선택지는 무엇이 있을까?	각 선택으로 인해 일어날 수 있는 일은 무엇일까? 그러면 나는 어떤 감정이 들까? 나에게 가장 좋은 선택지에 동그라미를 그려 보자.

3. 나는 정말 인기 있는 운동화를 사고 싶은데, 부모님이 안 된다고 말씀하신다.

멈추기	생각하기	행동하기
- 무슨 일이 일어나고 있지? - 내가 무슨 생각을 하고 있지? - 내 기분은 어떻지?	이 상황에서 내가 할 수 있는 세 가지 다른 선택지는 무엇이 있을까?	각 선택으로 인해 일어날 수 있는 일은 무엇일까? 그러면 나는 어떤 감정이 들까? 나에게 가장 좋은 선택지에 동그라미를 그려 보자.

여러분의 실제 상황에 맞는 세 개의 '멈추기, 생각하기, 행동하기' 표를 완성하세요. 그 상황에서 행동 발사 버튼을 다룰 방법을 선택하기 위해 표를 완성할 수 있어요. 또한 자신에게 좋지 않은 선택을 한 후에도 표를 완성할 수 있어요. 그리고 이것은 여러분이 그 경험을 통해 배우고 성장하는 데 도움이 될 수 있어요.

멈추기	생각하기	행동하기
– 무슨 일이 일어나고 있지? – 내가 무슨 생각을 하고 있지? – 내 기분은 어떻지?	이 상황에서 내가 할 수 있는 세 가지 다른 선택지는 무엇이 있을까?	각 선택으로 인해 일어날 수 있는 일은 무엇일까? 그러면 나는 어떤 감정이 들까? 나에게 가장 좋은 선택지에 동그라미를 그려 보자.

멈추기	생각하기	행동하기
– 무슨 일이 일어나고 있지? – 내가 무슨 생각을 하고 있지? – 내 기분은 어떻지?	이 상황에서 내가 할 수 있는 세 가지 다른 선택지는 무엇이 있을까?	각 선택으로 인해 일어날 수 있는 일은 무엇일까? 그러면 나는 어떤 감정이 들까? 나에게 가장 좋은 선택지에 동그라미를 그려 보자.

멈추기	생각하기	행동하기
– 무슨 일이 일어나고 있지? – 내가 무슨 생각을 하고 있지? – 내 기분은 어떻지?	이 상황에서 내가 할 수 있는 세 가지 다른 선택지는 무엇이 있을까?	각 선택으로 인해 일어날 수 있는 일은 무엇일까? 그러면 나는 어떤 감정이 들까? 나에게 가장 좋은 선택지에 동그라미를 그려 보자.

감정 발사 버튼을 누르기 직전에, 선택할 수 있는 여러 선택지를 떠올리기는 쉽지 않아요. 감정이 너무 강해졌기에 충동과는 다른 선택지를 떠올리는 것이 어려워져요. 문제가 닥칠 때마다, 네 가지 선택지를 가질 수 있어요.

1. 문제를 해결하려고 노력해요.

2. 문제를 당장 해결하지는 않더라도 문제에 대한 인식을 바꿔 긍정적으로 생각해요.

3. 문제를 무시하고 다음으로 나아가요.

4. 그 문제를 더 나빠지게 해요.

각기 다른 선택지에 대해 떠올리는 것은 감정 발사 버튼을 누르기 직전의 충동과는 다른 행동을 할 수 있다는 것을 깨닫는 데에 도움이 돼요.

> 해야 할 숙제가 있지만 누나에겐 숙제가 없을 때, 저는 짜증 감정 온도계의 1에 해당하는 감정을 느껴요. 저는 짜증 1에 해당하는 감정을 참아낼 수 있기에, 그 감정을 놓아 버리고 최대한 빨리 숙제를 마무리하려 해요(그러나 서두르진 않아요. 새로운 문제가 생길 수 있거든요).
> 뒤에 앉은 아이가 제 의자를 찰 때, 저는 짜증 3에 해당하는 감정을 느껴요. "내 의자를 그만 차줄 수 있을까? 고마워!"라고 예의바르되, 강하게 말함으로써 문제를 해결하려고 노력하죠.
> 새미는 같이 놀 친구들이 있지만 저에겐 아무 계획이 없을 때, 저는 짜증 5에 해당하는 감정을 느껴요. 아마 다른 날에는 같이 놀 친구들이 생길 것이라고 스스로에게 말함으로써 문제에 대한 인식을

바꿔 긍정적으로 생각해요. 저는 또한 같이 놀 친구들이 없다는 사실을 생각하기보다 혼자서도 즐겁게 할 수 있는 활동에 집중하고자 노력해요. 이것 역시 제 기분을 나아지게 하죠.

문제를 해결하려고 노력할 때, 핵심이 되는 말은 '노력한다'는 것이에요. 문제를 해결하려고 노력하는 것은 항상 문제해결로 이어지지 않는다는 점을 기억해야 해요. 문제를 해결하려면 때때로 계획 A, 계획 B, 계획 C…… 심지어 계획 Z까지 필요할 수 있어요. 문제를 해결하려는 노력이 통하지 않을 때, 좀 더 노력해 볼 수 있어요. 또한 문제에 대한 기분을 나아지게 하기로 결정하거나, 놓아버린 후 앞으로 나아갈 수도 있어요. 이 모두는 자신의 선택이고, 언제든지 결정을 바꿀 수 있답니다.

어느 날 밤, 저는 내일까지 해야 하는 과제를 깜빡했다는 사실을 깨달았어요. 그러자 압도당하는 기분이 들면서 그것에 대해 더 이상 생각하지 않으려는 충동이 들기 시작했어요. 저는 과제에 대해 생각하지 않더라도 이 문제가 사라지진 않는다는 것을 알았어요. 이것은 그저 상황을 나빠지게 할 뿐이었죠. 저는 문제를 해결하려고 노력했어요. 계획 A로, 침실로 가방을 가져와 과제를 시작했어요. 잠자리에 들 시간이 가까워질수록 혼자서는 이 과제를 끝내기 어렵다는 것을 깨닫게 되었어요. 저는 문제를 해결하기 위해 좀 더 노력해 보기로 했어요. 계획 B로, 부모님께 문제에 대해 말해 도움을 요청했어요. 부모님은 제가 과제를 하는 것을 도와주셨지만, 우리는 이 과제가 하룻밤에 끝내기에 너무 많은 양이라는 점을 깨달았죠. 우리는 계획 C를 세워, 선생님께 제 실수에 대해 이야기하고 과제를 끝내기 위한 추가 시간을 받아 보기로 했어요. 선생님께서는 과제를 끝내기 위한 추가 시간을 줄 수 있어도 늦게 냈으므로 점수가 깎일 수밖에 없겠다고 말씀하셨어요. 저는 실망했어요. 선생님께서 감점 없이 추가 시간을 주셨다면 더 좋았겠지만 선생님의 조치를 받아들이고 나아가기로 했답니다. 저는 과제를 마쳤고, 선생님께 제출했으며, 모든 것이 잘 되었어요. 과제를 제시간에 냈다면 점수가 더 좋았겠지만, 저는 그럭저럭 잘 해냈어요. 최선을 다해 문제를 해결한 후 앞으로 나아간 거예요!

문제에 대한 인식을 바꿔 긍정적으로 생각하기로 결정할 때, 몸을 쉬게 할 수 있는 도구를 사용할 수 있고, 기분이 나아지는 데에 도움이 되지 않는 '감정 괴물 생각'에 도전하기 위한 도구를 쓸 수도 있으며, 다른 사람과 이야기하는 것과 같이 기분을 덜 나쁘게 하는 또 다른 방법을 찾을 수도 있어요.

친구의 생일 카드를 만든 적이 있어요. 저는 카드를 엄청 열심히 만들었기에, 친구에게 카드를 줄 때 매우 자랑스러웠어요. 그리고 몇 분 뒤 쓰레기통 옆을 지나갈 때, 그 카드를 봤어요. 저는 상처를 받았죠. 저는 친구에게 상처를 줄 수 있는 말들을 해 버리고 싶은 충동이 들었지만, 그렇게 하면 더 많은 문제가 생길 뿐이라는 점을 알았어요. 그 문제를 당장 해결하지는 않더라도 문제에 대한 인식을 바꿔 긍정적으로 생각하기로 결정했어요. 저는 도움이 되는 혼잣말을 떠올렸어요. "나는 다른 사람들이 하는 행동을 통제할 수 없지만, 내가 다른 사람의 행동에 대해 생각하는 방식과 반응하는 방식을 통제할 수 있어." 친구를 위해 카드를 만든 것은 친절한 행동이었고, 내가 만든 카드는 정말로 좋았다고 스스로에게 말했어요. 이 사실이 친구가 카드를 버렸다고 해서 바뀌지는 않아요. 저는 기분이 덜 나빠졌고, 저의 하루를 이어갔어요.

때때로 감정 발사 버튼을 누르기 직전에, 저는 문제를 무시하고 다음으로 나아가기로 결정해요. 이것은 내 감정을 가슴속에 담아두는 것과는 달라요. 제가 나아갈 때, 그 감정은 제 감정 컵 안에 담겨 있지 않아요.

하루는 선생님께서 다음날 과학 시간에 실험을 하게 될 거라고 말씀하셨어요. 저는 실험을 매우 좋아하기에 엄청 신났답니다. 다음 날 과학 시간에 선생님께서는 활동지를 나눠 주시며 학급 전체에게 그것을 스스로 마치라고 말씀하셨어요. 저는 실망했고 짜증이 났어요. 활동지를 채우는 것을 거부하고 싶은 충동이 들었어요. 저는 그것을 무시하고 다음으로 나아가기로 결정했어요. 저는 활동지를 다 마쳤고 제 하루를 이어갔답니다.

많은 사람이 문제를 더 나빠지게 하고 싶어서 그렇게 하기로 결정하지는 않지만, 이런 일은 우리의 충동에 따른 결정을 내릴 때 종종 일어나요.

어느 날, 한창 게임을 하고 있는데 엄마가 갑자기 치과에 가야 한다고 말씀하셨어요. 저는 이런 이야기를 들은 적이 없었어요. 그날 치과에 가야 한다는 사실조차 몰랐거든요. 저는 좌절했고 짜증이 났어요. "싫어요! 이건 말도 안 돼요! 나 안 갈래요!"라고 대답하고 싶은 충동이 들었어요. 저는 충동대로 행동했어요. 이것은 저와 엄마를 싸우게 만들었고, 치과에 늦게 가도록 만들었고, 저를 곤란하게 만들었어요. 집에 도착했을 때, 엄마는 게임을 하도록 허락해 주지 않았어요. 충동에 따라 행동하기로 선택한 것은 엄마와의 말싸움, 치과에 늦기, 곤란한 상황에 처하기와 같이 해결해야 할 더 많은 문제를 만들어 버렸습니다.

어른들을 위한 팁

> 활동의 전환은 흔한 트리거가 되며, 감정 변화를 가져올 수 있습니다. 아동이 선호하는 활동(게임)에서 해야 하는 활동(공부)으로 전환하는 것이 특히 어려울 수 있으며, 아동이 선호하는 활동 간의 전환조차도 때로는 어려울 수 있습니다. 언제 전환이 발생하는지 예상할 수 있도록 하는 것이 아동에게 도움이 됩니다.
>
> 가능하다면 루틴을 따르십시오. 아동에게 미리 활동 전환에 대한 신호를 제공함으로써 그들이 생각을 바꾸기 위해 정신적으로 준비할 시간을 줄 수 있습니다. 예를 들어, 아동에게 저녁시간 20분 전, 5분 전, 1분 전 신호를 준 후 5초의 카운트다운을 셀 수 있습니다. 물론 예상치 못한 일이 생길 수 있기에 항상 전환 신호를 줄 수 없을 수도 있습니다.
>
> 제시한 예에서 아마 알렉스의 어머니는 떠나기 직전까지 치과 약속이 있다는 사실조차 잊고 있었을 것입니다. 이러한 경우 아동의 감정을 수용하고 인정하는 것이 매우 적절할 수 있습니다. 알렉스의 어머니는 "미리 예고도 없이 게임을 멈추고 곧장 떠나야 한다는 것이 짜증 나고 실망스러울 수 있다는 점을 안단다. 정말 답답하겠구나."라고 말할 수 있었을 것입니다. 감정을 들어 주고 이해받는 것은 아동이 스트레스 상황을 참아내는 데에 도움이 될 수 있습니다. 순조롭게 진행되는 전환은 아동의 긍정적 선택을 칭찬하는 좋은 기회입니다.

충동에 따라 행동하는 것이 선택처럼 느껴지지 않을 수 있지만, 우리가 하는 모든 것은 곧 선택이라는 점을 기억해야 해요. 충동에 따라 행동하지 않기로 결정하는 것은 어려울 수 있어요. 우리의 생각, 감정, 행동을 통제할 수 있는 도구와 기술을 연습한다면, 우리는 감정 발사 버튼을 누르기 직전에 우리의 행동을 더 잘 선택할 수 있게 될 거예요!

문제에 직면했을 때의 네 가지 선택지

다음의 이야기들을 읽어 보세요. 각 선택지에 따른 특정 방향을 따라가 보세요. 각 상황에서 여러분이 할 선택에 동그라미를 그려 보세요.

1. 나는 친구와 놀고 있다. 이제 집에 갈 시간이지만, 친구들은 여전히 놀고 있고 나도 계속 있고 싶다.

문제를 해결하려고 노력한다:

_____

_____

_____

문제를 당장 해결하지는 않더라도 문제에 대한 인식을 바꿔 긍정적으로 생각해 본다:

_____

_____

_____

문제를 무시하고 다음으로 나아간다:

_____

_____

_____

_____

문제를 더 나빠지게 한다:

_____

_____

_____

_____

2. 나는 시험을 잘 봤다고 생각했다. 그런데 기대했던 것보다 훨씬 낮은 점수를 받았다.

문제를 해결하려고 노력한다:

_____

_____

_____

_____

문제를 당장 해결하지는 않더라도 문제에 대한 인식을 바꿔 긍정적으로 생각해 본다:

_____

_____

_____

_____

문제를 무시하고 다음으로 나아간다:

_____

_____

_____

_____

문제를 더 나빠지게 한다:

_____

_____

_____

_____

3. 친구가 내가 거짓말을 했다고 이른다. 나는 거짓말하지 않았다.

문제를 해결하려고 노력한다:

_____

_____

_____

_____

문제를 당장 해결하지는 않더라도 문제에 대한 인식을 바꿔 긍정적으로 생각해 본다:

_____

_____

_____

_____

문제를 무시하고 다음으로 나아간다:

_____

_____

_____

_____

문제를 더 나빠지게 한다:

_____

_____

_____

_____

시도해 보세요 현실에서 일어날 법한 세 가지 상황을 적고 여러분이 고를 수 있는 각 선택지를 제시해 보세요. 이것은 여러분이 문제를 해결하는 과정에서 다양한 방법을 브레인스토밍하는 데 도움이 될 거예요. 물론 여러분은 이 방법을 과거에 이미 다루었던 사건이나 앞으로 겪게 될지도 모르는 사건들에 적용할 수도 있어요.

1. _____

문제를 해결하려고 노력한다:

_____

_____

_____

_____

문제를 당장 해결하지는 않더라도 문제에 대한 인식을 바꿔 긍정적으로 생각해 본다:

_____

_____

_____

_____

문제를 무시하고 다음으로 나아간다:

_____

_____

_____

_____

문제를 더 나빠지게 한다:

_____

_____

_____

_____

2. _____

문제를 해결하려고 노력한다:

_____

_____

_____

_____

문제를 당장 해결하지는 않더라도 문제에 대한 인식을 바꿔 긍정적으로 생각해 본다:

_____

_____

_____

_____

문제를 무시하고 다음으로 나아간다:

_____

_____

_____

_____

문제를 더 나빠지게 한다:

_____

_____

_____

_____

3. _____

문제를 해결하려고 노력한다:

_____

_____

_____

_____

문제를 당장 해결하지는 않더라도 문제에 대한 인식을 바꿔 긍정적으로 생각해본다:

_____

_____

_____

_____

문제를 무시하고 다음으로 나아간다:

_____

_____

_____

_____

문제를 더 나빠지게 한다:

_____

_____

_____

_____

◇◇◇◇

스스로 일으키고자 하는 방향을 생각함으로써 자신의 행동들을 선택할 수 있어요. 가끔 감정들이 정말 강렬해질 때면 큰 그림을 생각하기 어렵죠. 그 순간 뇌는 자신이 원하는 방향에 집중해요. 자신이 원하는 방향을 정하고 생각하는 것은 스스로에게 더 유익한 선택을 내리는 데 도움을 줄 수 있어요.

다음은 자신이 원하는 방향에 대해 생각할 때 고려할 수 있는 몇 가지 항목이에요.

• 다른 사람들이 나를 어떻게 바라보길 원하지?

   ○ 착하다   ○ 멋있다

   ○ 재능 있다

• 가족 내에서 원하는 것은 무엇이지?

   ○ 재미있는 일   ○ 가족들이 나를 자랑스럽게 여기는 일

• 학교에서 원하는 것은 무엇이지?

   ○ 좋은 점수를 받는 일   ○ 새로운 것을 배우는 일

   ○ 좋은 친구들을 사귀는 일

• 내 인생에서 원하는 것은 무엇이지?

   ○ 사람들과 동물들을 돕는 일   ○ 수의사가 되는 일

내가 원하는 대로 나의 행동을 선택하기

알렉스가 원하는 것에 가까운 두 가지 행동 선택지를 작성하세요.

알렉스가 원하는 것	알렉스가 선택할 수 있는 행동
친절하기	1. 2.
멋진 사람 되기	1. 2.
유능해지기, 재능 계발하기	1. 2.
즐거운 것	1. 2.
가족들이 나를 자랑스럽게 느끼는 것	1. 2.
좋은 성적을 받기	1. 2.
새로운 것을 학습하기	1. 2.
좋은 친구를 사귀기	1. 2.

다른 사람들과 동물들을 돕기	1.
	2.
수의사가 되는 것	1.
	2.

시도해 보세요 여러분 삶의 다양한 영역에서 여러분이 원하는 행동들을 파악해 보세요.

다른 사람들이 나를 어떻게 바라보기를 원하나요?

_____

_____

_____

_____

가족(가정) 내에서 여러분이 원하는 것은 무엇인가요?

_____

_____

_____

_____

학교에서 여러분이 원하는 것은 무엇인가요?

_____

_____

_____

_____

삶에서 여러분이 원하는 것은 무엇인가요?

_____

_____

_____

_____

시도해 보세요 여러분이 원하는 행동을 표에 각각 작성하세요. 원하는 것들에 대해 자신이 선택할 수 있는 행동을 두 가지씩 확인하세요. 여러분이 원하는 것과 가까운 선택지들을 확인하고 나서, 해야할 일 목록에 그것들을 작성하고 시도하세요!

내가 원하는 것	내가 선택할 수 있는 행동
	1. 2.
	1. 2.
	1. 2.
	1. 2.
	1. 2.
	1. 2.
	1. 2.

	1. 2.
	1. 2.
	1. 2.

내가 선택하는 모든 행동들이 내가 원하는 것과 직접적으로 관련이 없다면, 내가 선택한 행동들이 내가 원한 것을 하게 할 것인지 아니면 반대로 못하게 할 것인지 생각해 볼 수 있어요.

◇◇◇◇

저는 아침에 매우 피곤하고 나른함을 느껴요. 그래서 침대에서 나오기가 싫어요. 제가 만약 그 순간 '멈추기, 생각하기, 행동하기' 표를 작성한다면, 분명히 다음과 같이 작성할 거예요.

멈추기	생각하기	행동하기
– 무슨 일이 일어나고 있지? – 내가 무슨 생각을 하고 있지? – 내 기분은 어떻지?	이 상황에서 내가 할 수 있는 세 가지 다른 선택지는 무엇이 있을까?	각 선택으로 인해 것은 무엇일까? 그러면 나는 어떤 감정이 들까? 나에게 가장 좋은 선택지에 동그라미를 그려 보자
이제 침대에서 일어나서 학교에 갈 준비를 할 시간이야. **생각**: "더 자고 싶다." **감정**: 피곤함, 편안함, 귀찮음	**1.** 다시 잠을 잔다. **2.** 일어나서 매일 아침 일어나 학교에 가야만 하는 것에 대해 불평한다. **3.** 일어나서, 내가 좋아하는 음악을 틀고, 학교에 가는 준비를 하기 전 짧게 준비운동을 한다.	**1.** 편안함과 덜 피곤함을 느낀다. **2.** 피곤함과 귀찮음을 느낀다. 가족들이 짜증을 내며 나에게 불평 좀 그만하라고 말한다. 학교에 간다. **3.** 어느 정도 기운이 난 이후에 피곤함과 귀찮음을 느낀다. 학교에 간다.

편안함과 덜 피곤함을 느끼는 것은 그 순간에는 가장 좋은 선택처럼 보이지만, 다시 잠을 자는 선택은 멀리 봤을 때는 제가 원하는 것을 못하게 해요. 학교에 가지 않고 침대에 다시 눕는다면, 학교에서 재밌는 것을 할 수 있는 기회들을 놓치게 되는 거죠. 그래서 이 선택은 결국에

저로 하여금 재미를 느끼지 못하게 해요. 그리고 가족들이 저를 자랑스럽게 생각하지 못하게 하고, 좋은 성적도 못 받고, 새로운 것들을 배울 수 있는 기회로부터 멀어지게 해요. 수의사가 되기 위해서는 학교에서 열심히 공부를 해야 하기 때문에 다시 침대에 눕는 행동은 제 삶의 목표로부터 저를 더 멀어지게 할 거예요! 이러한 것들을 모두 생각해 보았을 때, '멈추기, 생각하기, 행동하기' 표는 다음과 같이 작성할 수 있을 거예요.

멈추기	생각하기	행동하기
– 무슨 일이 일어나고 있지? – 내가 무슨 생각을 하고 있지? – 내 기분은 어떻지?	이 상황에서 내가 할 수 있는 세 가지 다른 선택지는 무엇이 있을까?	각 선택으로 인해 것은 무엇일까? 그러면 나는 어떤 감정이 들까? 나에게 가장 좋은 선택지에 동그라미를 그려 보자.
이제 침대에서 일어나서 학교에 갈 준비를 할 시간이야. **생각**: "더 자고 싶다." **감정**: 피곤함, 편안함, 귀찮음	**1.** 다시 잠을 잔다. **2.** 일어나서 매일 아침 일어나서 학교에 가야만 하는 것에 대해 불평한다. **3.** 일어나서 내가 좋아하는 음악을 틀고, 학교에 가는 준비를 하기 전 짧게 준비운동을 한다.	**1.** 편안함과 덜 피곤함을 느낀다. **2.** 피곤함과 귀찮음을 느낀다. 가족들이 짜증을 내며 나에게 불평 좀 그만하라고 말한다. 학교에 간다. **3.** 어느 정도 기운이 난 이후에 피곤함과 귀찮음을 느낀다. 학교에 간다.

이 활동으로부터 도움을 받기 위해 저는 선택 행동 척도를 활용하는 것을 좋아해요. 이 척도에서 1점을 받은 선택지들은 나 자신이 원하는 것에 가까운 행동을 의미하고, 2점을 받은 선택지들은 나 자신이 원하는 것과 덜 가까운 행동을 의미하며, 3점을 받은 선택지들은 나 자신이 원하는 것과 거리가 먼 행동을 의미해요.

선택 행동 척도
1. 이 선택은 내가 원하는 것에 가깝다.
2. 이 선택은 내가 원하는 것에 가깝지 않다.
3. 이 선택은 내가 원하는 것에서 멀어지게 한다.

이 경우에 다시 자는 것은 3점으로 평가해요. 이는 제가 원하는 것에서부터 저를 멀어지게 하죠. 일어나서 아침에 일어나야 하는 것에 대해서 학교 갈 때까지 불평하는 것도 3점으로 평가

해요. 이는 좋은 성적을 받고 멋진 것들을 배우는 데에는 더 가까워지겠지만, 저를 즐겁게 하는 것에서 더 멀어지게 해요. 제가 불평할 때 가족들은 확실히 재미가 없을 것이고, 사람들은 짜증을 느끼고 저에게 재미없게 반응하게 될 가능성이 높아요. 어떤 선택들은 우리가 원하는 것들 중 일부에 우리를 더 가깝게 다가가도록 하지만 다른 것들로부터는 더 멀리 데려가요. 때로는 이런 선택이 최선의 선택일 수 있으며, 특히 1점으로 평가되는 상황에 대한 선택이 떠오르지 않을 때 더 그래요. 그러나 이 상황에서는 그렇지 않아요. 학교에 가기 전에 일어나서 제가 좋아하는 음악을 틀고 댄스를 하는 것이 1점이에요. 이는 제가 좋아하는 것에 더 가깝게 다가가도록 하고, 가족들이 저를 자랑스러워하고, 좋은 성적을 받고, 멋진 것들을 배우는 것에 저를 더 가깝게 해요. 그것은 제가 원하는 것들로부터 저를 더 멀리 데려가지 않아요.

활동

선택지 우선순위 평가

알렉스가 원하는 것들에 대해 생각해 보고, 알렉스의 선택에 점수를 매겨 보세요.

알렉스가 원하는 것	선택지 순위 척도
• 친절해지기 • 멋진 사람되기 • 재능 계발하기 • 즐겁게 놀기 • 가족이 나에 대해 자랑스러워하기 • 좋은 성적을 받기 • 새로운 것을 배우기 • 좋은 친구를 사귀기 • 사람 및 동물을 돌보기 • 채식주의자 되기	**1점** 이 선택지는 내가 원하는 것에 더 가까이 다가가게 할 것이다. **2점** 이 선택지는 내가 원하는 것에 더 가까워지거나 멀어지게 하지 않을 것이다. **3점** 이 선택지는 내가 원하는 것으로부터 나를 멀어지게 할 것이다.

상황	선택지/행동	점수
1. 내 친구는 학급의 다른 학생을 놀렸다.	같이 웃었다.	
2. 주말이다. 그리고 나는 계획한 게 없다.	잠을 잤다.	
3. 부모님이 목욕을 하라고 이야기했지만, 하기 싫다.	빨리 목욕을 한다.	
4. 점심시간에 혼자 있는 아이를 발견했다.	그 아이에게 함께 앉아서 점심을 먹을지 물어본다.	
5. 수업이 지루하다.	멍해지고 책에 낙서를 한다.	

답 ‭1.‬ 3, 2. 2, 3. 1, 4. 1, 5. 3

이번 주에 한 다섯 가지 선택을 평가해 보세요. 이전에 작성한 문제 목록을 사용하여 점수를 지정해요.

상황	선택	점수
1.		
2.		
3.		
4.		
5.		

　　때때로 저는 특정한 상황이나 제가 가지고 있는 구체적인 계획을 위해서 원하는 것을 적기를 좋아해요.

가족을 만나러 갔을 때, 저는 다음과 같은 것을 원했어요.

○ 재미있게 놀기

○ 사촌과 놀기

○ 사촌이 나를 멋있다고 생각하도록 하기

　　우리가 그곳에 있는 동안, 저는 사촌 두 명과 농구를 하고 있었어요. 그들은 계속해서 공을 서로 주고받았어요. 15분이 지났는데도 저는 여전히 공을 받지 못했죠. 그들이 저를 따돌리는 것에 대해 좌절감과 상처를 받았어요. 그들에게 소리치고 싶은 충동이 생겼어요. 사촌들에게 소리를 지르는 것은 3점일 거예요. 왜냐하면 그것은 제가 재미있게 노는 것에서 더 멀어지고, 사촌들과 노는 것에서 더 멀어지고, 제가 멋지다고 생각하는 사촌들로부터 더 멀어질 것이기 때문이에요. 다행히도 저에게는 이 충동을 다룰 수 있는 계획이 있었어요!

저는 제가 직면할 수도 있는 특정한 충동을 알 때, 이를 어떻게 다룰 수 있는지에 대한 계획을 (미리) 세우는 것을 좋아해요. 또한 이는 제가 충동을 마주하기 전에 이러한 계획을 연습하는 데 도움을 준답니다.

예전에도 큰 사촌들과 어울리며 소외감을 느낄 때가 있었어요. 이 일이 일어났을 때 저는 강한 감정을 느꼈고, 상황을 더 악화시키는 충동에 따라 행동했죠. 큰 사촌들과 소외감을 느끼는 것이 때때로 제가 대처하기 어려운 충동이라는 것을 알고 있기 때문에, 그것을 대처할 수 있는 방법을 생각해 냈어요.

- 먼저, 제 충동이 소외감 때문이라는 것을 알아차렸어요.
- 다음으로, 저는 이것이 가져다주는 감정들과 이러한 감정이 감정 온도계에서 얼마나 강한지 확인했어요. 과거에 이런 일이 일어났을 때, 좌절감을 느꼈고, 6점 정도의 상처를 받았어요.
- 저는 이것이 제 몸에서 어떤 느낌이었는지 확인했어요. 주먹이 쥐어지고, 어깨가 뭉쳐서 딱딱해지고 긴장되고, 호흡이 짧아졌어요. 제 몸의 이러한 감정을 진정시키기 위해 이완 활동을 선택했어요.
- 다음으로, 저의 자동적인 생각을 확인했어요. 저는 "사촌들은 정말 형편없어! 항상 나를 빼놓잖아! 얘네는 벌을 받아야 마땅해!"라고 생각했어요. 그리고 저는 이를 논박하는 생각을 떠올렸어요. "나를 끼워주면 좋겠지만, 사촌들은 장난꾸러기가 아니며, 아마도 개인적인 감정은 아닐 거야. 둘 다 나보다 나이가 많고 농구에 푹 빠져 있어. 아마도 날 따돌리는 걸 모를 수도 있어. 그들에게 복수하려는 것은 상황을 더 악화시킬 뿐이야."
- 저에게 올라오는 충동을 알아냈어요. 사촌들에게 소리치고, 사촌들을 얼간이라고 부르고, 자리를 박차고 떠나는 것이에요. 어떤 충동이 있을 수 있는지 아는 것은 제가 충동을 더 잘 알고 통제하도록 도와줘요.
- 다음으로, 저는 그 상황에 대처하기 위해 제가 할 수 있는 더 나은 선택을 생각해냈어요. 저는 이 문제를 해결하기 위해 "형들! 나도 공 가질 기회를 얻을 수 있을까?"라고 완고하지만 침착한 태도로 말했어요.
- 문제를 해결하려고 하는 것이 항상 효과가 있는 것은 아니기 때문에, 저는 또한 그다음 계획

을 생각해냈어요. 문제를 그냥 놔두고, 넘어가고, 그들이 농구를 다 할 때까지 다른 재미있는 것을 찾아가는 것이었죠.

이 계획을 세운 후에 이를 실천하면서 연습했어요. 각 단계를 실제로 연습함으로써 계획을 연습하는 것은 제가 충동을 느꼈을 때 그것을 더 효과적으로 사용할 수 있도록 도와줘요.

아니나 다를까, 가족을 방문했을 때 저는 이 충동에 직면했어요. 저는 강한 감정, 감정 괴물 생각, 문제를 더 악화시켰을 충동을 가지고 있었지만 침착함과 동시에 통제력을 유지할 수 있는 힘을 가지고 있었죠! 연습한 대로 그 계획을 따랐어요! 사촌들이 사과를 했고, 공을 건네주었고, 결국 사촌들과 함께 아주 재미있게 놀았답니다!

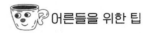 어른들을 위한 팁

자녀와 함께 충동 응답 계획을 역할극으로 연습하는 것은 도움이 됩니다. 아이가 스스로를 표현(감정 등)하는 계획을 세울 때, 상황에 맞는 적절한 보디랭귀지와 목소리 톤을 사용하는 이유를 이해하고 연습할 수 있도록 도와줍니다.

활동

감정 발사 버튼에 대한 대처 방안

⦁⦁⦁

자신이 다루기 힘든 세 개의 감정 발사 버튼을 확인해 보세요. 각각의 감정 발사 버튼에 대한 대처 방안을 작성해 보세요. 어른과 함께 다음의 계획표를 작성해 보세요.

1. 감정 발사 버튼: _____

일어난 감정과 감정 온도계에 대한 평가:

_____

_____

_____

_____

내 몸에 느껴지는 감정:

_____

_____

_____

_____

감정을 진정시키는 데 도움이 되는 이완 활동이나 대처 기술:

_____

_____

_____

_____

자동적 사고:

_____

_____

_____

_____

논박 생각(도움이 될 경우에는 메모지에 작성하세요):

_____

_____

_____

_____

충동:

_____

_____

_____

_____

계획한 대처 방안:

_____

_____

_____

_____

새로운 방법(플랜 B):

_____

_____

_____

_____

2. 감정 발사 버튼: _____

일어난 감정과 감정 온도계에 대한 평가:

_____

_____

_____

_____

내 몸에 느껴지는 감정:

_____

_____

_____

_____

감정을 진정시키는 데 도움이 되는 이완 활동이나 대처 기술:

_____

_____

_____

_____

자동적 사고:

_____

_____

_____

_____

논박 생각(도움이 될 경우에는 메모지에 작성하세요):

_____

_____

_____

_____

충동:

_____

_____

_____

_____

계획한 대처 방안:

_____

_____

_____

_____

새로운 방법(플랜 B):

_____

_____

_____

_____

3. 감정 발사 버튼: _____

일어난 감정과 감정 온도계에 대한 평가:

_____

_____

_____

_____

내 몸에 느껴지는 감정:

_____

_____

_____

_____

감정을 진정시키는 데 도움이 되는 이완 활동이나 대처 기술:

_____

_____

_____

_____

자동적 사고:

_____

_____

_____

_____

논박 생각(도움이 될 경우에는 메모지에 작성하세요):

_____

_____

_____

_____

충동:

_____

_____

_____

_____

계획한 대처 방안:

_____

_____

_____

_____

새로운 방법(플랜 B):

_____

_____

_____

_____

어른들을 위한 팁

가능하면 아이를 도울 수 있는 주변의 다른 어른들에게 아이의 감정 발사 버튼의 단서 및 대처 행동에 대해 알려 주세요. 여기에는 돌봄 전담 직원, 할머니, 교사, 학교 상담사, 코치, 그리고 아이와 가까운 친구의 부모님이 포함됩니다.

제 10 장

나의 이야기

감정을 통제할 수 없을 때
감정을 통제할 수 있을 때
나는 감정과 생각 그리고 행동을 통제할 수 있어!

감정을 통제할 수 없을 때

●●

스스로 감정을 통제할 수 없을 때에 대한 이야기를 쓰기 위해 빈칸을 채우세요.

"안녕! 나는 ＿＿＿＿＿(내 이름)＿＿＿＿＿이야. 나는 매일매일 다양한 감정을 경험해. 내가

경험하는 감정들은 ＿＿＿＿＿(어떤 감정)＿＿＿＿＿, ＿＿＿＿＿(어떤 감정)＿＿＿＿＿,

＿＿＿＿＿(어떤 감정)＿＿＿＿＿, ＿＿＿＿＿(어떤 감정)＿＿＿＿＿이야! 다양한 감정

을 경험하는 건 평범하고 괜찮은 일이야. 내 감정들은 내 몸이 느끼는 느낌, 내가 하는 생각,

내가 하는 행동에 영향을 줄 수 있어. 나는 감정을 느낄 때 그걸 동시에 통제할 수도 있지만,

가끔씩 통제하기가 어려울 때도 있어. 이건 내가 ＿＿＿＿＿(어떤 감정)＿＿＿＿＿을

느낄 때 그것을 통제하는 것에 대한 이야기야. 어느 날, ＿＿＿＿＿(어떤 일이 발생한 것, 트

리거)＿＿＿＿＿. 나는 ＿＿＿＿＿(이 사건에 의해 자동적으로 나타나는 생각)

＿＿＿＿＿라고 생각했어. 나는 ＿＿＿＿＿(앞선 사건에 의해 일어나는

어떤 감정)＿＿＿＿＿을 느꼈어. 그 감정의 강도는 감정 온도계를 통해 이렇게 나

타났어.

감정이 얼마나 강렬한지 표시하세요.　　　　　　내 몸이 느꼈던 감정을 몸에 그려 보세요.

10
9 　폭발적인(매우 강함)
8
7 　강한 감정(강함)
6
5 　느껴짐(보통)
4
3 　느껴지기 시작함(약함)
2
1 　안 느껴짐(매우 약함)

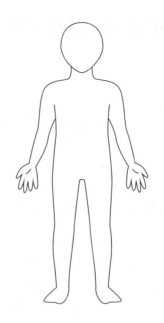

나는 나도 모르게 _____(어떤 행동)_____ 을 했어. 그렇게 나도 모르게 행동하고 나니까 그

결과로 _____(어떤 일이 일어났고, 다른 사람들이 어떤 기분을 느끼게 되었고, 다른 사람들이

어떤 식으로 반응하게)_____ 되었어. 이러한 일들로 나는 _____(어떤 감정)_____을

느꼈어. 가끔씩 감정은 나의 통제력을 무너뜨리고 함부로 행동하게 만들곤 해. 그러면 보

통 문제는 더 안 좋아지지. 이런 일이 일어날 때 나는 잘못된 것을 수정하고 성장할 수 있

어. 또한 이런 경험을 통해서 앞으로는 감정을 더 잘 통제할 수 있게끔 깨달음을 얻을 수

도 있어! 내 감정이 그 상황을 휩쓸고 난 뒤에 나는 _____(어떤 말을 하거나 어떤

행동을)_____ 해서 상황을 수습했어. 이번 경험을 통해서 나는 _____(경험을 통

해 배운 교훈)_____을 배웠어. 이번 경험은 힘들었지만 나는 더 성장할 수 있고, 앞

으로는 감정을 더욱 잘 통제할 수 있을 거야!

감정을 통제할 수 있을 때

⦁ ⦁

스스로 감정을 통제할 수 있을 때에 대한 이야기를 쓰기 위해 빈칸을 채우세요.

"안녕! 나는 _____(내 이름)_____이야. 나는 매일매일 다양한 감정을 경험해. 내가 경험하는 감정들은 _____(어떤 감정)_____, _____(어떤 감정)_____, _____(어떤 감정)_____, _____(어떤 감정)_____이야! 다양한 감정을 경험하는 건 평범하고 괜찮은 일이야. 내 감정들은 내 몸이 느끼는 느낌, 내가 하는 생각, 내가 하는 행동에 영향을 줄 수 있어. 나는 감정을 느낄 때 그걸 동시에 통제할 수도 있지만, 가끔씩 통제하기가 어려울 때도 있어. 이건 내가 _____(어떤 감정)_____을 느낄 때 그것

을 통제하는 것에 대한 이야기야. 어느 날, _____ (어떤 일이 발생한 것, 트리

거) _____. 나는 _____ (이 사건에 의해 자동적으로 나타나는 생

각) _____라고 생각했어. 나는 _____ (앞선 사건에 의해 일어나

는 어떤 감정) _____을 느꼈어. 그 감정의 강도는 감정 온도계를 통해 이렇게

나타났어.

감정이 얼마나 강렬한지 표시하세요.   내 몸이 느꼈던 감정을 몸에 그려 보세요.

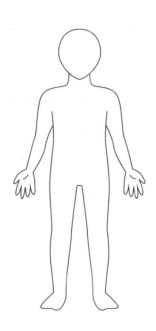

나는 _____ (어떤 행동을 하고 싶은) _____ 충동을 느꼈어. 나는 이 충동대로 행동하면 나

에게 좋지 않을 거라는 사실을 알았고, 진정하기 위한 대처 방법을 사용했어. 먼저, 나는

감정을 진정시키기 위해 _____ (이완 활동, 진정시키는 행동) _____을 했어. 나는 지금 느

끼는 자동적인 생각이 쓸모없는 '감정 괴물 생각'이라는 걸 깨달았고, 내 생각에게 돌려 말해 줬어! 나는 "_____(이 사건에 의해 자동적으로 나타나는 생각에 대한 대처)_____"라고 말했어. 나는 여전히 _____(어떤 감정)_____을 느꼈지만, 그 감정은 전만큼 강하지 않았어. 감정의 강도는 감정 온도계를 통해 이러한 변화를 보였어.

10 9 8	폭발적인(매우 강함)
7	강한 감정(강함)
6 5	느껴짐(보통)
4 3	느껴지기 시작함(약함)
2 1	안 느껴짐(매우 약함)

나는 감정을 느낄 수 있지만 동시에 통제할 수도 있었어! 나는 이 상황에 대해서 다른 대응 방식을 선택할 수도 있다고 생각했어. 나는 _____(어떤 선택)_____을 했지. 내가 선택을 내리고 나서 그 결과로 _____(어떤 일이 일어났고, 다른 사람들이 어떤 기분을 느끼게 되었고, 다른 사람들이 어떤 식으로 반응하게)_____되었어. 이러한 일들은 나의 기분을 _____(어떻게)_____ 만들었어. 나는 뭐든 할 수 있는 _____(내 이름)_____이야! 나는 내 감정을 통제할 수 있어!

나는 감정과 생각 그리고 행동을 통제할 수 있어!

우리가 슈퍼히어로는 아닐지 몰라도 스스로의 감정과, 생각, 행동을 통제하는 능력을 갖고 있어요. 이 능력은 우리에게 대단한 일들을 할 수 있는 진정한 힘을 줘요! 슈퍼히어로가 된 자신의 모습을 그려 보세요. 이것들을 마음속에 간직하고 있다면 여러분 앞에 어떤 상황과 감정들이 들이닥치더라도 여러분이 대처할 수 있는 힘이 생기게끔 도와줄 거예요.

나는 내 생각, 감정, 행동을 통제할 힘이 있어!

감정 주사위

감정 주사위의 얼굴에 색을 칠하세요.

"나는 무엇을 느끼고 있는가?" 카드

각각의 감정을 나타내는 그림을 그리세요.

걱정스러운	화난	불만스러운
슬픈	싫어하는	놀란
기쁜	당황스러운	흥분한

샘나는	안심되는	지루한
뿌듯한	혼란스러운	마음이 상한

이 직사각형에 감정 괴물을 그리세요.

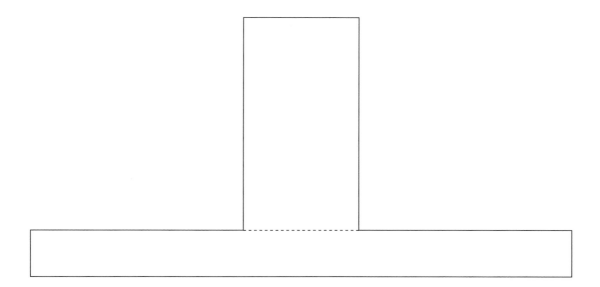

각각의 자기표현을 꾸미고 이 워크북에서 오려 보세요.

이 감정도 지나갈 거야. 스트레스도 지나갈 거야. 난 괜찮을 거야.	지금은 이 감정이 크게 느껴지지만 괜찮아.
난 이겨낼 수 있어.	난 견뎌낼 수 있어.
심호흡하자.	난 강인한 사람이야.
내가 느끼는 감정은 이상한 게 아니야.	실패는 성공의 어머니야.
완벽할 필요 없어.	나는 좋은 선택을 할 수 있어.
내가 다른 사람의 행동을 통제할 수는 없지만 내가 그 행동을 어떻게 생각하고 행동할지는 결정할 수 있어.	감정이 크게 느껴질 때도 평정을 잃지 않을 수 있어.

반복되는 생각들을 반박하기 위해 유용한 자기표현을 떠올려 보세요. 다음의 빈칸에 적고 꾸민 다음, 오려 보세요.

좋은 기분 보관함

활동지를 작성하고 잘라서 좋은 기분 보관함 안에 넣어요.

내가 좋아하는 나의 모습:

좋은 기분 메모:

_____ (메모를 작성하는 사람의 이름) _____ 가 주는 좋은 기분 메모

_____ (좋은 기분 보관함 주인의 이름) _____ 를 생각할 때면,

다음의 다섯 가지 장점이 떠올라요:

1. _____
2. _____
3. _____
4. _____
5. _____

_____ (메모를 작성하는 사람의 이름) _____가 주는 좋은 기분 메모

_____ (좋은 기분 보관함 주인의 이름) _____를 생각할 때면,

다음의 다섯 가지 장점이 떠올라요:

1. _____

2. _____

3. _____

4. _____

5. _____

_____ (메모를 작성하는 사람의 이름) _____가 주는 좋은 기분 메모

_____ (좋은 기분 보관함 주인의 이름) _____를 생각할 때면,

다음의 다섯 가지 장점이 떠올라요:

1. _____

2. _____

3. _____

4. _____

5. _____

참 고 문 헌

Beck, J. S. (2012). *Cognitive Behavior Therapy, Second Edition: Basics and Beyond*. The Guilford Press.

Greene, R. W. (2021). *Explosive Child: A New Approach for Understanding and Parenting Easily Frustrated, Chronically Inflexible Children*. HarperCollins.

Linehan, M. M. (2015a). *DBT® Skills Training Handouts and Worksheets, Second Edition*. The Guilford Press.

Linehan, M. M. (2015b). *DBT Skills Training Manual, Second Edition*. The Guilford Press.

Mazza, J. J., Dexter-Mazza, E. T., Miller, A. L., Rathus, J. H., Murphy, H. E., & Linehan, M. M. (2016). *DBT Skills in Schools: Skills Training for Emotional Problem Solving for Adolescents (DBT STEPS-A)*. The Guilford Press.

Miller, A. L., & Rathus, J. H. (2017). *DBT Skills Manual for Adolescents*. The Guilford Press.

Sokol, L., & Fox, M. G. (2020). *The Comprehensive Clinician's Guide to Cognitive Behavioral Therapy*. PESI Publishing & Media.

Bonnie, Z. (2017). *Anxiety-Free Kids: An Interactive Guide for Parents and Children*. Prufrock Press, Inc.

저자 소개

Jenna Berman

뉴욕시와 뉴저지주 기반 치료사이다. 호바트 앤드 윌리엄 스미스 대학교(Hobart & William Smith Colleges)에서 심리학 학사, 컬럼비아 대학교(Columbia University)에서 사회복지학으로 석사 학위를 취득한 후, 애커먼 연구소(Ackerman Institute)와 뉴욕 대학교(New York University)에서 수련을 받았다. 정신건강 진료기관, 전일제 치료기관, 병원 등에서 다양한 임상경험을 쌓았으며, 아동과 청소년의 힘을 북돋아 그들이 장벽을 넘고 잠재 가능성을 실현할 수 있도록 돕는 데 열정적이다. 현재 뉴저지 몽클레어에 가족과 함께 거주하고 있다.

역자 소개

김동일(Kim, Dongil)

서울대학교 사범대학 교육학과 교육상담전공 교수 및 서울대학교 대학원 특수교육전공 주임교수, 서울대학교 대학생활문화원(상담센터) 원장, 장애학생지원센터 상담교수, 서울대학교 특수교육연구소 소장, 서울대학교 평의원(SNU Senator)으로 재직하고 있다. 서울대학교 교육학과를 졸업하고 교육부 국비유학생으로 도미하여 미네소타 대학교(University of Minnesota) 교육심리학과에서 석사, 박사 학위를 취득했다.

Developmental Studies Center, 박사후 연구원, 한국청소년상담원 상담교수, 경인교육대학교 교육학과 교수, 한국학습장애학회 회장, 서울대학교 사범대학 기획부학장(실장), 여성가족부 청소년보호위원회 위원, (사)한국교육심리학회 회장, 한국특수교육학회 부회장 등을 역임했다. 국가 수준의 인터넷 중독 척도와 개입 연구를 진행하여 정보화 역기능 예방사업에 대한 공로를 인정받아 행정안전부 장관 표창을 받았고, 교육부 학술연구지원사업의 연구 성과 선정으로 교육부장관 학술상(2020년 제20-1075호), 연구논문과 저서의 우수성을 인정받아 한국상담학회 학술상(2014-2/2016/2022), 학지사 저술상(2012) 등을 수상했다.

현재 SSK교육사각지대학습자 연구사업단 단장, BK21FOUR 혁신과 공존의 교육연구사업단 단장, 한국아동·청소년상담학회 회장, 여성가족부 학교밖청소년지원위원회(2기) 위원, 국무총리실 사행산업통합감독위원회(중독분과) 민간위원 등으로 봉직하고 있다.

『청소년 상담학 개론: 한국아동·청소년상담학회 연구총서 1』(공저, 2020, 학지사), 『지능이란 무엇인가: 인지과학이 밝혀낸 마음의 구조』(역, 2016, 사회평론), 『DSM-5에 기반한 학습장애아동의 이해와 교육(3판)』(공저, 2016, 학지사)을 비롯하여 70여 권의 (공)저·역서가 있으며, 300여 편의 전문 학술논문(SSCI/KCI)을 출판했고, 50여 개의 표준화 심리검사를 발표했다.

한국아동 · 청소년상담학회 연구총서 15

아동과 청소년을 위한
인지행동치료(CBT) 워크북

The Self-Regulation Workbook for Kids:
CBT Exercises and Coping Strategies to Help
Children Handle Anxiety, Stress, and Other Strong Emotions

2024년 5월 15일 1판 1쇄 인쇄
2024년 5월 20일 1판 1쇄 발행

지은이 • Jenna Berman
옮긴이 • 김동일
펴낸이 • 김진환
펴낸곳 • ㈜ 학지사
　　　　04031 서울특별시 마포구 양화로 15길 20 마인드월드빌딩 4층
대 표 전 화 • 02)330-5114　　　팩스 • 02)324-2345
등 록 번 호 • 제313-2006-000265호

홈 페 이 지 • http://www.hakjisa.co.kr
인스타그램 • https://www.instagram.com/hakjisabook

ISBN 978-89-997-3121-1 93180

정가 18,000원

출판미디어기업 **학지사**

간호보건의학출판 **학지사메디컬** www.hakjisamd.co.kr
심리검사연구소 **인싸이트** www.inpsyt.co.kr
학술논문서비스 **뉴논문** www.newnonmun.com
교육연수원 **카운피아** www.counpia.com
대학교재전자책플랫폼 **캠퍼스북** www.campusbook.co.kr